CB064870

Maria Helena Farelli

Comida de Santo

9ª edição
2ª reimpressão

Pallas

Rio de Janeiro
2019

Produção editorial
Pallas Editora

Capa
Tiago Rodrigues

Revisão
Marcos Roque

Ilustrações de miolo
Renato Martins

Todos os direitos reservados à Pallas Editora e Distribuidora Ltda. É vetada a reprodução por qualquer meio mecânico, eletrônico, xerográfico etc., sem a permissão por escrito da editora, de parte ou totalidade do material escrito.

CIP-BRASIL. CATALOGAÇÃO-NA-FONTE.
SINDICATO NACIONAL DOS EDITORES DE LIVROS, RJ.

F253c   Farelli, Maria Helena.
Comida de Santo
/ Maria Helena Farelli. 9. ed. - Rio de Janeiro :
Pallas, 2005.
Anexo
ISB 85-347-0278-0

1.Deuses afro-brasileiros – Culto. 2. Candomblé –
Rituais. 3. Umbanda – Rituais. 4. Alimentos –
Aspectos religiosos – Cultos afro-brasileiros. 5.
Culinária brasileira – Bahia.
I. Título.

03-2347   CDD 299.67
CDU 299.6

Pallas Editora e Distribuidora Ltda.
Rua Frederico de Albuquerque, 56 – Higienópolis
CEP 21050-840 – Rio de Janeiro – RJ
Tel./fax: (021) 2270-0186
www.pallaseditora.com.br
pallas@pallaseditora.com.br

SUMÁRIO

Apresentação 7

PRIMEIRA PARTE
Nos gostos e cheiros das comidas estão os segredos dos
santos afro-brasileiros 11

Capítulo 1
Pelas mãos das princesas africanas vieram os
pitéus dos orixás 13

Capítulo 2
A cozinha, parte indispensável dos templos
afro-brasileiros 19

Capítulo 3
Antes de começar a cozinhar 27

SEGUNDA PARTE
Os orixás e os espíritos ensinam seus pratos prediletos 35

Capítulo 4
Comidas para agradar a Exu e Pomba-Gira 37

Capítulo 5
Comidas de Ogum, o grande guerreiro 43

Capítulo 6
Comidas para alegrar Oxóssi, o rei dos
caçadores 47

Capítulo 7
Pratos para agradar ao poderoso Omolu 54

Capítulo 8
Comidas do misterioso Iroco 56

Capítulo 9
Pratos do grande rei Xangô 58

Capítulo 10
Comidas de Ossâim, o senhor das folhas 63

Capítulo 11
Pratos de Oxumarê, a serpente dos terreiros 65

Capítulo 12
	Sabores de Logunedé, príncipe de Queto 67
Capítulo 13
	Comidas de Iansã, a guerreira dos ventos 71
Capítulo 14
	Comidas de Obá, a guerreira de uma orelha só 77
Capítulo 15
	Comidas da bela Euá 79
Capítulo 16
	Comidas para Iemanjá, a senhora do mar 81
Capítulo 17
	Os gostos de Oxum, senhora das águas doces 83
Capítulo 18
	Comidas para servir a Nanã com muito respeito 88
Capítulo 19
	Pratos para agradar Ibeji 91
Capítulo 20
	Comidas para Oxalá, o rei maior 95
Capítulo 21
	As saborosas comidas dos Caboclos 98
Capítulo 22
	Receitas para agradar os Espíritos Ciganos 104
Capítulo 23
	Comidas de Pretos-velhos 115
Capítulo 24
	Pratos para os Eguns 118

TERCEIRA PARTE
	Oferendas e datas festivas 121
Capítulo 25
	A etiqueta para presentear os deuses 123
Capítulo 26
	Calendário de festas religiosas 158
ANEXO
	Significado das cartas do baralho 163

APRESENTAÇÃO

O povo do Brasil é formado pelo caldeamento de três raças. Nossa formação é afro-luso-ameríndia: lusitana, porque o país foi colonizado pelos portugueses; ameríndia, pela população nativa que há milhões de anos habita nossas terras; e africana, pois, quando os escravos vieram para cá, trouxeram não apenas seus braços para o trabalho mas, sobretudo, sua cultura para entrar no processo de formação da nossa população. Com o contato entre os povos africanos, europeus e indígenas, a cultura americana ganhou um colorido próprio, um tom ardente, concepções de vida especiais. E neste amálgama de cores, desejos, raças e vidas se fundindo, a culinária (o alimento do corpo) e o misticismo (o alimento da alma) sofreram um processo de síntese.

Quando a gente da África chegou na fímbria do mar do Brasil, trazia com ela o segredo do ebó, o perfume do vinho de palma, o manto de Iemanjá, o raio de Xangô, o vento de Iansã, o poder de Oxóssi, a magia de Tempo, o mistério de Oxumarê. Princesas negras com sorrisos de marfim conduziram seus deuses para os becos das cidades e o luar das roças. E para esses senhores divinos elas fizeram as comidas apimentadas, cozidas na lenha e no mistério. E se não fossem elas, rainhas e sacerdotisas africanas, trazidas como escravas do Benim e de Angola, como viriam eles, os deuses, morar no Brasil? E se não fossem suas mãos hábeis no preparo dos amalás, como teríamos hoje o mingau, o escaldado de camarão, o bolo de carimã, a cocada mole (que se come de colher), o aluá, o caruru?

As comidas de santo são tradicionais, necessárias e fazem a beleza das festas religiosas. Preparada com reverência pelas filhas-de-santo e saboreada com respeito pelos freqüentadores e médiuns, a comida de santo é fundamento dessa religião mágica, milenar, belíssima, respeitável que é o candomblé, e de sua descendente direta, a umbanda, cujos praticantes se contam aos milhares.

Alguns são raspados, catulados e borizados; tocam tambores, batem palmas, cozinham para o santo, fazem cantigas, limpam os terreiros, lavam as quartinhas, fazem as roupas dos orixás, atendem pessoas sofredoras, resolvem problemas, fazem procissões, batem paô, jogam-se no chão para saudar os orixás, voduns e inquices, choram aos pés dos deuses e cantam seu louvores em nagô, jeje ou angola. Outros escrevem, falam nas rádios, editam livros, levam essa cultura para fora da nossa terra, fotografam, pintam belos símbolos, fazem objetos de barro, de ferro, de palha, de contas. Estes fazem amuletos e talismãs, aqueles imolam os bichos para as oferendas das quais todos comem. Alguns tomam a bênção, outros são de boa-noite.

Todos se respeitam e se conhecem, nesse mundo dentro da nossa sociedade que são as religiões afro-brasileiras. Assim mantemos esse culto tão antigo, que nenhuma perseguição conseguiu destruir. Nos terreiros e em sua volta vive uma população que necessita cultuar seus deuses e seus ancestrais, e que para eles faz as bebidas e as comidas que constituem um dos pontos que ligam o *aiê* (Terra) ao *orum* (Céu) pelo *axé* (força mágica). Todos os elementos do mundo sobrenatural afro-brasileiro gostam de comidas. Eles têm que ser alimentados. O sangue, o dendê e o ataré fazem parte do seu cardápio.

Exu, o mensageiro brincalhão, recebe o seu ebó, a sua farinha de água ou de aguardente, com cebolas e ovos. E lá, na entrada do terreiro, ele fica esperando seu novo prato, ou então corre para as florestas da África ou para os terreiros da Jamaica, em busca de alegria, de amor e de farra. "Êta, santo mais alegre!" – dizem os fiéis.

Oxóssi, dono do reino de Alaketo, come sua caça; Xangô é santo comilão: recebe amalá de quiabo e rabada; Ibeji recebe caruru e doces. Aluá todos bebem, mais o champanha, o vinho com mel, a cachaça, a cerveja preta e a branca. As senhoras são delicadas no gosto: recebem frutas, doces, comidas saborosas e difíceis de preparar. Iansã gosta de manga-rosa; Iemanjá, de peixe branquinho, mas também come manjar; e Oxum gosta de omolocum, feito com feijão-fradinho e camarão seco. Todos esses pratos estão neste livro que cheira a mel e coentro, a azeite-de-dendê e gengibre.

Você já comeu um acarajé feito pelas mãos de alguma quituteira do povo-do-santo? Já bebeu cachaça com ervas? Se você conhece este delicioso néctar, que nada fica a dever ao dos tempos olímpicos; se já comeu vatapá, ou já o serviu aos orixás, sabe de que estou falando. Em caso contrário, experimente para ver... Se você seguir os preceitos, a comida sairá tão bem feita que todos os deuses virão, lá da África ou do Haiti.

Vamos conhecer esses quitutes e a sua preparação. Vamos fazer comidas de orixás, pois elas são gostosas e inigualáveis.

Vamos saudar nosso orixá, o dono do nosso *ori* (cabeça) e viver sem a noção de pecado, que tanto mal faz e que o africano nunca teve.

Axé, meus ancestrais brancos, negros e indígenas, que é tempo de cheiro gostoso de comida baiana.

Axé, que vamos entrar no mundo dos pais-de-santo, gente de Oxóssi e de Xangô, povo de Oxalá – salve babá!

Maria Helena Farelli
(Presidente do CEJUB – Círculo de Escritores e Jornalistas de Umbanda do Brasil)

PRIMEIRA PARTE

NOS GOSTOS E CHEIROS DAS COMIDAS ESTÃO OS SEGREDOS DOS SANTOS AFRO-BRASILEIROS

Capítulo 1

PELAS MÃOS DAS PRINCESAS AFRICANAS VIERAM OS PITÉUS DOS ORIXÁS

Por que existe o ritual de colocar comidas para os deuses, na religião que veio da África para o Brasil? Para entendermos bem este tema, precisamos fazer uma viagem ao passado.

Desde os tempos em que floresceram as culturas mais antigas do mundo, os povos já ofereciam comidas e presentes às divindades de suas religiões. Eles acreditavam que toda a natureza, até mesmo a inanimada, era povoada por almas que precisavam de alimento, como os seres vivos. Como na sociedade humana, o mundo dos espíritos, para esses povos antigos, também era hierárquico. Em um nível mais alto desse mundo sobrenatural havia os antepassados, os ancestrais, para os quais edificavam-se altares. No degrau inferior, encontravam-se espíritos impessoais e amorfos que povoavam plantas, pedras, lagos, rios e matas. Alguns desses espíritos eram considerados senhores das terras virgens, não cultivadas pelo homem. Por isso, antes de desbravá-las, faziam-se sacrifícios e oferendas para eles: só depois desse rito é que as terras podiam ser lavradas. Do mesmo modo, antes de abater uma árvore, fazia-se uma oferenda aos espíritos que moravam nela.

Na África Ocidental a situação não era diferente. Antes da adoção do islamismo, por parte dos habitantes da região, todos os povos que aí viviam tinham religiões politeístas. Nas cidades sagradas havia estátuas de pedra, monolitos, esculturas de terracota e bronze, que se acreditava serem deuses petrificados, e que tinham de ser adorados. O culto aos deuses compreendia comidas ritualísticas e imolações de animais e cada ser humano tinha de venerar uma divindade considerada seu pai espiritual. Para os deuses faziam-se procissões, excursões ao alto mar, cerimônias religiosas com cantigas e danças, rituais complicados com uma encenação elaborada e banquetes, nos quais cada deus recebia suas comidas típicas.

Essas práticas ritualísticas foram trazidas para nossa terra pelos escravos – guerreiros, nobres, sacerdotes e habitantes de cidades inteiras –, capturados nas guerras entre os diversos reinos existentes na região e vendidos aos negociantes europeus. A maioria dos escravos chegados ao Brasil veio da Costa da Guiné, onde viviam os iorubás (também chamados nagôs ou quetos) e os jejes; e de Angola, onde viviam os diversos povos bantos. Estes últimos foram trazidos desde o século XVI, em grande quantidade, sendo destinados aos trabalhos da lavoura e da mineração no interior, além de serem mantidos em ocupações urbanas nos grandes centros do litoral.

Escravos de diversas origens, nem sequer falando a mesma língua, foram reunidos nas propriedades dos seus donos, enquanto indivíduos vindos do mesmo local, até mesmo membros de uma mesma família, eram separados e mandados para lugares distantes. Desta forma, os bantos espalharam-se por todo o território da colônia, combinando seus costumes e suas crenças com as de portugueses e indígenas. Deixaram marcas profundas na cultura brasileira, embora tivessem dificuldade para reviver o culto de seus inquices por estarem dispersos e misturados a povos com culturas diferentes. Nos séculos XVIII e XIX, os povos de diversos estados iorubás (Egbá, Igbadó, Sabé, Queto, Ijebu, Ijexá), derrotados nas guerras contra os daomeanos e os fulani, foram em muito menor número, mas de forma concentrada, para Salvador. Reunidos basicamente em um único centro urbano, tiveram maior facilidade que outros grupos para se organizar na nova pátria. Por este motivo, os iorubás foram os que mais influíram no candomblé, que seguiu os preceitos do seu culto. Sua concepção do universo e suas tradições criaram todo um conjunto cultural diversificado dentro do complexo sistema cultural brasileiro.

O Mundo dos Orixás

O candomblé crê que existem dois tipos de seres imateriais que vêm aos terreiros: os eguns (almas ou ancestrais) e os orixás (fontes de energia da natureza). Nos candomblés nagôs tradicionais não se usa a incorporação de almas: elas são tratadas, mas só nas casas de eguns. Nesses templos, elas são alimentadas e os humanos deixam-se incorporar por elas. Nas outras casas de candomblé nagô, só existe o culto aos orixás. Esta situação é diferente nas tradições jeje e angola, derivadas de religiões que tinham, ainda na África, o culto aos ancestrais estreitamente ligado ao dos deuses. E por isso que a umbanda, cujo fundamento principal está na religião dos bantos, tem a participação cotidiana dos caboclos, pretos-velhos e outras entidades nos rituais.

Os orixás, deuses dos iorubás (nagôs), são seres que desceram do céu, criaram tudo que existe no mundo e depois transformaram-se em pedras ou passaram a residir no *orum*. Eles correspondem aos voduns dos jejes e aos inquices dos bantos.

O panteão nagô adotado no Brasil é presidido por Olórum (ou Olodumaré), cujo nome significa "senhor do céu". Olórum é a divindade suprema que deu origem a tudo; mas não tem imagem, nem uma casta de sacerdotes que lhe preste serviço. A divindade da adivinhação é Ifá, cuja maneira de ver o futuro é constituída pelas 256 disposições de um conjunto de búzio, olhadas pelo babalaô (o sacerdote do jogo de Ifá).

Os filhos de Olórum são: Obatalá, principal orixá masculino do panteão, que criou do barro o homem e a mulher; Odudúa, que criou a terra; e Olocum, deus do mar. Depois vêm Oxalá, orixá do céu, e Iemanjá, do mar, que são os pais de muitos deuses: Exu, o mensageiro, sem dúvida o mais amado entre os deuses iorubás; Xangô, deus dos raios; Ogum, dos guerreiros e do ferro; Iansã, dos ventos e das tempestades; Oxum, das águas doces; Oxóssi, da caça; Obá, das águas revoltas; e Ossâim, das folhas. Com Nanã, a mãe-d'água dos jejes, Oxalá teve outros filhos: Omolu, deus das doenças; Oxumarê, do arco-íris; Euá, da chuva; e Iroco, do clima. Existem ainda outros deuses, como Ibeji, filho de Xangô e Iansã, e Logunedé, filho de Oxóssi e Oxum.

O Mundo das Religiões Afro-brasileiras

É à herança dos escravos que se deve a maior parte dos cheiros e gostos estranhamente agradáveis da comida de santo. A religião dos povos africanos começou a se reestruturar no Brasil desde o início do século XVIII, quando foi fundada a Casa das Minas, no Maranhão, por escravos jeje e mina; mas o culto dos seus voduns sempre foi cercado de grande mistério, e seus costumes não se divulgaram fora do ambiente da religião. No início do século XIX nasceu, na capital da Bahia, o primeiro terreiro de candomblé nagô, o do Engenho Velho; lá estavam as iguarias requintadas dos orixás, lá foram servidas as comidas gostosas que nadavam no dendê e cujo aroma corria longe pelas ladeiras baianas. Foi a partir daí que as oferendas aos deuses africanos começaram a se tornar famosas.

Hoje em dia, existem em todo o Brasil candomblés de nação nagô, jeje, angola e congo que cultuam os orixás, voduns e inquices. Os terreiros que se deixaram influenciar pelo culto mágico-religioso indígena (a pajelança) transformaram-se em *candomblés de caboclo,* que aceitam a incorporação dos espíritos de índios brasileiros, aos quais também se usa dar alimento. Suas comidas perfumadas são tragadas com a *jurema* (bebida feita da raiz do juremeiro). Além disso, nos candomblés de caboclo, os doces comuns substituíram as antigas comidas africanas dos "erês" (espíritos infantis). Alguns espíritos indígenas dos candomblés de caboclo são cultuados junto com orixás, como é o caso de Martim Pescador, sempre ligado a Iemanjá.

Outro rito brasileiro que se misturou com a religião africana foi o *catimbó,* um culto de magia sertaneja que foi a primeira prática de feitiçaria brasileira. Os espíritos que baixam nas mesas de catimbó vivem em reinos encantados, como o Canindé e o Tigre, e são índios, caçadores e feiticeiros poderosos. Oxóssi é rei dos caçadores do catimbó. É comum que os espíritos desta religião sejam ligados ao Povo da Rua; o mais conhecido entre esses é o tão querido e poderoso Zé Pelintra.

A umbanda, criada no início do século XX no Rio de Janeiro, herdou todas essas crenças e tradições, ao sincretizar a religião africana com os cultos ameríndios e com o catolicismo e o ocultismo vindos da Europa. Nela é muito forte a prática de dar alimento aos santos (orixás) e às entidades espirituais que incluem os caboclos, os tão queridos pretos-velhos, os exus, as pomba-giras e o grande povo cigano.

Capítulo 2

A COZINHA, PARTE INDISPENSÁVEL DOS TEMPLOS AFRO-BRASILEIROS

Já foi dito que o candomblé pode ser dirigido por homens, mas não foram eles que o fizeram famoso: foram as mulheres, com as suas saias de renda e chitão, suas pulseiras, seus balangandãs e sua culinária. Senhora, Pulquéria, Aninha, Menininha, Olga e tantas outras: elas o fizeram famoso. Suas mãos aninharam deuses negros, recém-chegados da camarinha. Elas os alimentaram com dendê, com menga (sangue dos sacrifícios) e com luz.

A Cozinha de Santo

Tudo que fazemos, hoje, nos terreiros, vem da antiguidade, pois os orixás, espíritos de reis e rainhas milenares, são tratados como eram em vida. As mães-de-santo, que ensinam seus filhos espirituais a fazer as comidas e bebidas para seus santos, são sacerdotisas, como as das sociedades secretas e semi-secretas da África ocidental que cuidavam do culto aos orixás.

Nos primeiros candomblés fundados na Bahia surgiram as reproduções das partes essenciais dos templos africanos: o terreiro onde dançam os orixás, voduns e inquices; a fonte onde se banham as iaôs (iniciadas); as árvores sagradas onde moram Iroco e

Tempo; as casinhas de Exu e dos eguns; e a cozinha de santo. A cozinha ritual, cheia de panelas de barro e pedras de ralar, com suas noviças e *iabassês* (chefes de cozinha), é ponto fundamental do terreiro de qualquer nação. Nela, entre caldeirões antigos e perfumes de dendê e pimenta, as cozinheiras fazem os pitéus dos deuses negros. Lá se preparam as obrigações, as comidas e as bebidas. As panelas brilham. Tudo é muito limpo.

Nas cozinhas de santo antigas, devia-se obedecer a um esquema secreto, sem o qual não havia como fazer os "agrados dos santos". Ela diferia da cozinha comum em vários aspectos, desde o fogão, que geralmente era de lenha, até o modo de mexer a colher de pau na panela de barro. Os apetrechos de uso indispensável eram os seguintes:

- vários fogareiros de carvão vegetal ou, a critério de cada terreiro, um fogão de lenha ou uma trempe formada por três tijolos dispostos no chão em triângulo, com um braseiro no centro;
- mesa ou bancada, sobre a qual se colocavam os fogareiros;
- abano de palha e pegador de brasas (uma espécie de pinça gigante, feita de chapa de ferro), para acender o fogo no carvão;
- panelas de barro ou de ferro e colheres de pau;
- máquina de moer carne, ralador de metal ou a secular pedra de ralar, ainda usada em alguns terreiros mais tradicionais.

Estes são os primitivos utensílios básicos para a organização da cozinha de santo, hoje muito desprezados, pois a modernização, com toda a sua parafernália, vem descaracterizando a tradicional cozinha dos terreiros. Hoje em dia ela pouco se diferencia de uma cozinha qualquer: já conta com fogão a gás e com todos os modernos recursos de higiene disponíveis nos domicílios comuns. O que a diferencia destes é seu uso, que é exclusivo para a preparação das comidas rituais.

A Ceia dos Orixás tem seus Segredos

O modo de servir aos orixás deve seguir certos preceitos que não foram criados no Brasil, mas vieram da África. Eles correspondem à tradição dos reis e espíritos da Ilu Aiê (terra ancestral), pois muitos orixás foram reis que, após a morte, foram endeusados.

Na África antiga, todos os estados eram teocráticos. Esses povos acreditavam que seu rei, ao morrer, transformava-se em um espírito poderoso e precisava ser cuidado. O soberano era o único representante dos ancestrais na Terra, o guardião das leis morais e da paz. O governante era comparado ao sol e às estrelas do céu. Seu poder era carismático e em certa medida sacralizado. Visto quase como um deus vivo, só aparecia a seus súditos com o rosto mortal oculto por uma franja de contas, exatamente como as iaôs (filhas-de-santo) usam na festa de seu orixá, no Brasil. Ele também não podia ser visto comendo; por isso, encobria a boca com um abano branco.

O rei era muitas vezes escolhido pelo oráculo. O candidato não podia ter defeito físico, tinha que ser forte e jovem. Os mais velhos adivinhavam, entre os pretendentes, quem devia ser rei. Entre os iorubás jogava-se com a noz de cola (obi), que aqui no Brasil foi substituída pelo búzio. Entre os bantos, uma serpente era levada para a colina sagrada onde ficava o candidato ao trono, armado com uma haste ritual de cobre. Se ele afugentava o réptil, sem o matar, era considerado apto a reinar. Em ambos os casos, uma vez escolhido o novo soberano, realizava-se o sofisticado rito para a sua posse, com ofertas de animais e comidas cheirosas aos deuses.

Por que só Devemos Servir Comidas Frias e ao Som dos *Adjás* aos Orixás

Como representava todo o seu povo junto aos ancestrais divinos, o rei era obrigado a fazer oferendas e sacrifícios para que tudo em seu reino andasse bem. Ele podia fazer chover e matar a fome do povo mas, se havia uma seca, epidemia ou fome, o rei era responsabilizado por isso. Entretanto, a prece do soberano era mágica e trazia a prosperidade de volta; por isso, ele era adorado. Sua morte era temida pelos súditos, pois acreditava-se que iria trazer o caos. Então, para evitar esse perigo, tudo à sua volta era muito cuidadoso. O soberano vivia em seu palácio cercado de esposas, sacerdotes e guardas que o protegiam, e só podia andar pelas cidades durante as principais comemorações aos deuses, cercado de toda segurança. Ele não viajava através das águas nem podia chegar perto do mar.

A alimentação do soberano era cercada de muitas precauções e rituais. Alguns reis não podiam nem tocar na comida: havia um servo para colocá-la em sua boca, outro para servir-lhe as bebidas. O soberano não podia comer refeições quentes, que poderiam causar mal-estar e problemas digestivos. É em memória desse hábito que até hoje servimos as comidas de santo frias aos orixás.

O início da refeição do rei, um momento solene para a corte, era anunciado a todos. Em alguns reinos o sinal era dado por um sino de ferro; em outros, era usado um tambor pertencente à família real. É em recordação desse ritual que até hoje tocamos o adjá para oferecer as comidas aos santos.

A Água e a Bebida, uma Oferta Indispensável aos Senhores do *Orum*

Não é só de comida sólida que vivem os santos. Entre os povos do Sudão meridional e do Congo, havia diversas categorias de sacerdotisas e sacerdotes encarregados de dirigir cerimônias religiosas, fazer sacrifícios, dar alimentos para os deuses e praticar atos mágicos. Os sacerdotes que cuidavam da água eram os mais importantes, porque a água é vital para todo e qualquer ser vivo e, por esta razão é especialmente venerada pelos povos africanos. Alguns desses sacerdotes deviam realizar um encantamento para ajudar a chuva a chegar. Outros eram encarregados de encontrar bebedouros na estação seca. Em resumo, a água era sagrada e, por esse motivo, parte essencial das oferendas religiosas.

É em lembrança desses rituais antigos que hoje usamos água nas "quartinhas" (jarras) de nossos orixás. A primeira recomendação da sacerdotisa de um terreiro a seu iniciado é "nunca deixar secar a sua quartinha de santo". Também ao servir comida aos orixás não devemos esquecer da água. Exu também precisa de água e seu rito de farofa e água é o que abre a cerimônia dos candomblés. Água nas quartinhas, nas oferendas, nos amacis, nos banhos rituais, na lavagem do Bonfim, água de Iemanjá, água de Oxalá... lembranças dos tempos dos feiticeiros que chamavam a chuva...

Além da água, os orixás também gostam de outras bebidas, saborosas e fortes, que lembram seus tempos de reis e caçadores, as festas e os banquetes com que se deleitaram. Essa bebida pode ser um vinho, uma aguardente ou um suco de frutas, fermentado ou não. Ela deverá estar sempre em temperatura ambiente, nunca gelada nem quente demais. Deverá estar servida no copo, cuité (cabaça) ou quenga (casca de coco) e, se for engarrafada, a garrafa será aberta e uma dose colocada no recipiente individual.

Segredos dos Gostos dos Orixás

Algumas pessoas colocam sal em todas as comidas de santo que não sejam doces. Outros dizem que o sal é proibido nas comidas dos santos, e só pode ser usado se você for fazer essas comidas para servir às pessoas. O que acontece na verdade é que cada tradição adota um modo de preparar as comidas dos orixás. Na tradição angola o sal é usado em todas as comidas de santo; já na tradição queto, as comidas destinadas aos orixás são feitas sem sal. Portanto, ninguém pode dizer que uma forma de preparar está certa e a outra errada: cada pessoa deverá fazer os pratos conforme seu povo, sua raiz, a nação em que foi feita no santo.

Deve ser seguida à risca a norma para a escolha das partes da carne que o deus negro prefere, ou seja, dos axés dos animais, que diferem das partes usadas para a alimentação dos viventes. Devem sempre ser observadas também as preferências e quizilas de cada orixá. Por exemplo, Omolu não aceita sal em sua comida; quase todos os orixás gostam de mel, mas Oxóssi não; Oxalá não aceita dendê nem bebida alcoólica, e também não aprecia sal; Ibeji não gosta de bebidas amargas. Essas normas devem ser seguidas somente quando o prato é feito com a finalidade de ser entregue em oferenda; quando é feito para ser comido pelos mortais, o alimento pode levar os temperos comuns e pode ser servido quente.

No momento da realização da cerimônia, a comida para os fiéis, arrumada nos recipientes adequados, será colocada sobre uma toalha que pode ser simples, mas limpa e nova, na cor do orixá ou da entidade. Vamos comer com as mãos, pois assim manda a tradição; mas não há nenhum problema, pois o asseio é grande no terreiro.

As oferendas ficarão no altar, diante do assentamento do santo, acompanhadas por presentes que podem ser velas, cigarros, charutos, adereços ou outros objetos do agrado do orixá ou da entidade. Tudo deve ser arrumado de modo agradável, como se estivesse sendo servido à mesa. Depois de um período determinado pelo preceito religioso, os filhos-de-santo levarão estas comidas para despachá-las, num cortejo belo e fantástico, ao som de cantigas. Elas serão jogadas no mato, para descarregar a todos, ou no ambiente de moradia do orixá, na natureza.

Capítulo 3

ANTES DE COMEÇAR A COZINHAR

Existem alguns procedimentos que são necessários para a confecção de muitos pratos da cozinha dos orixás. Para não repeti-los diversas vezes, vou explicá-los apenas uma vez antes de passar às receitas propriamente ditas.

COMO EXTRAIR O LEITE DE COCO

Certamente você já ouviu falar de leite de coco grosso e fino. Se você não sabe como diferenciá-los ou obtê-los, irá aprender agora. Para extraí-los, você precisará do seguinte material:

um coco maduro;

meia xícara de água;

um facão;

um martelo para ajudar a cortar o coco;

uma peneira de metal (ou um escorredor de macarrão);

uma panela;

um ralador ou processador de alimentos;

um pano de pratos ou retalho de pano limpo;

dois recipientes para colocar o leite grosso e o ralo;

um recipiente para colocar o coco.

MODO DE FAZER:

Corte o coco com o facão e o martelo, partindo-o em diversos pedaços.

Passe as partes quebradas no fogo, pelo lado da casca, para que a polpa solte mais facilmente.

Retire os pedaços da polpa e rale ou passe no processador.

Coloque a água na panela e leve ao fogo para ferver.

Espalhe o coco ralado sobre a peneira e coloque sobre a panela, para que ele aqueça rapidamente no vapor. Desligue o fogo para que a água não evapore.

Vá colocando porções do coco no pano e esprema bem, dentro de um dos recipientes. Este é o leite grosso.

Espalhe o coco em outro recipiente (pode ser um alguidar) e molhe com a água fervente que ficou na panela (se tiver demorado muito para espremer o coco, aqueça-a novamente).

Esprema novamente todo o coco dentro do outro recipiente: este é o leite ralo.

O bagaço será aproveitado nas receitas que usam coco ralado.

COMO PREPARAR FOLHAS DE BANANEIRA PARA ENROLAR BOLOS

Vem dos índios a tradição de fazer bolos, cozidos ou assados, embrulhados em folhas de bananeira ou palhas de milho. Atualmente, muitas pessoas têm dificuldade em conseguir esse material; por isso, quando os pratos são preparados para o uso comum, as folhas podem ser substituídas por papel-alumínio. Mas, para os orixás, o ritual deve ser respeitado.

As palhas de milho não precisam passar por nenhum preparo antes de serem usadas; mas as folhas de bananeira devem ser amaciadas. Você precisará do seguinte material:

folhas de bananeira bem verdes;

uma faca afiada ou tesoura;

uma régua e um lápis, ou um molde de papel na medida necessária (10 cm x 20 cm);

uma panela com água e um escorredor de macarrão (opcionais).

MODO DE FAZER:

O número de folhas necessárias dependerá da quantidade de bolos que você irá fazer. Meça as folhas inteiras que tiver e calcule quantas peças poderá cortar de cada uma, sabendo que precisará de pedaços retangulares, medindo 10cm de largura e 20cm de comprimento.

Separe as partes moles da folha dos dois lados da nervura central. Risque os retângulos e recorte-os.

Depois de cortar todos os retângulos, passe cada um rapidamente na chama do fogão ou coloque todos dentro do escorredor de macarrão e ponha-o sobre a panela com água fervente, para cozinhar no vapor durante quatro minutos. A seguir, escorra e seque bem as folhas antes de usar.

Desfie a nervura das folhas em fibras finas semelhantes a barbantes. Essas fibras são chamadas "embiras" e servem para amarrar os bolos.

MODO DE USAR (FIGURA 1):

1. Disponha sobre a mesa um retângulo de folha, colocado na horizontal.

2. Dobre uma parte de cada um dos lados em direção ao meio da peça, superpondo uma pequena margem delas, de modo a formar uma espécie de canudo aberto nas duas extremidades.

3. Em uma das extremidades abertas, dobre um pedacinho de cada canto em triângulo, em direção ao meio da peça, como se faz com a sobra de papel de um embrulho.

4. A seguir, ainda como se faz para arrematar um embrulho, dobre para trás toda a extensão dessa borda em que dobrou os cantos. Assim você fica com um canudo fechado no fundo.

5. Coloque uma porção da massa do bolo dentro do canudo.

6. Repita na outra extremidade aberta as mesmas dobras que fez na primeira.

7. Você ficará com um pacote fechado. Algumas pessoas amarram o pacote de folha com um pedaço de embira simplesmente passado em cruz, como se faz em um embrulho comum.

PREPARANDO FOLHAS DE BANANEIRAS PARA ENROLAR BOLOS

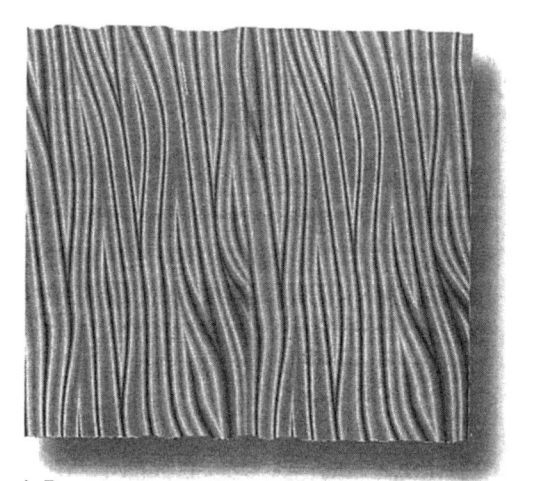

1- Recorte um pedaço de folha de bananeira em formato retangular

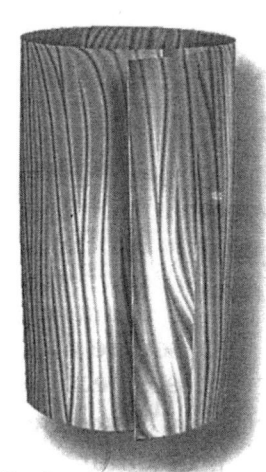

2- Enrole-a formando um cilindro

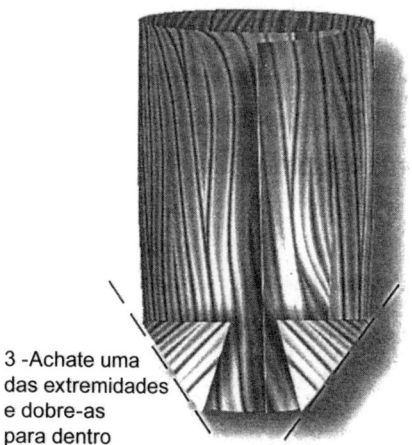

3 - Achate uma das extremidades e dobre-as para dentro

3 - Em seguida, torne a dobrar para dentro

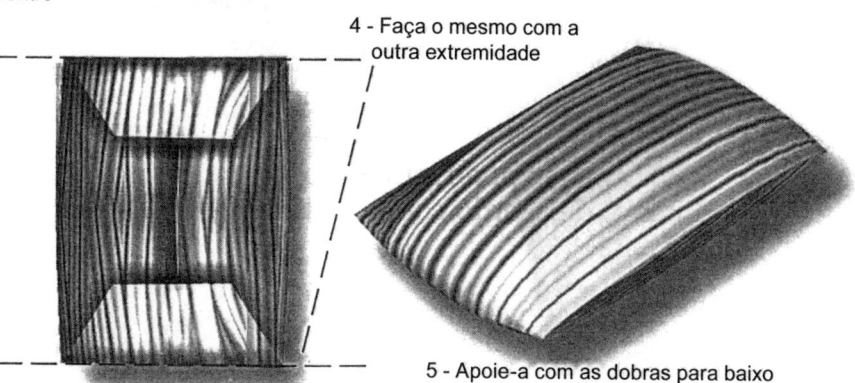

4 - Faça o mesmo com a outra extremidade

5 - Apoie-a com as dobras para baixo

COMO PREPARAR PALHAS DE MILHO PARA ENROLAR PAMONHAS

Para fazer pamonhas, compre espigas de milho com as palhas. Ao limpar as espigas, selecione as palhas maiores e sem cortes. As outras servirão para cortar as tiras necessárias para amarrar as pamonhas. Conforme a quantidade de massa que tenha feito, separe duas palhas para cada pamonha e siga os passos decritos a seguir (vide figura 2).

1. Aproveite o feitio natural das palhas, que é grosseiramente triangular.
2. Enrole uma palha formando um cone.
3. Dobre a ponta para ter um copinho com a base reta.
4. Depois de colocar a massa dentro desse copinho, feche-o com a outra palha enrolada como um cone em volta dele e com a ponta voltada para fora. Dobre a ponta desse outro cone e amarre o embrulho com uma tira de palha.

COMO USAR O CAMARÃO SECO

O camarão seco é usado como tempero ou acessório em muitos pratos da cozinha baiana. Ele tem como conservante o sal, que é utilizado em grande quantidade. Por isso, antes de ser empregado, deve ser bem lavado para perder o excesso de sal. Além disso, é preciso limpá-lo, retirando a cabeça e a cauda. Ele poderá ser descascado ou empregado com a casca, para dar mais gosto ao prato em que for usado.

O camarão pode ser moído, picado ou empregado inteiro, de acordo com a indicação da receita que vá ser feita.

PREPARANDO PALHAS DE MILHO PARA ENROLAR PAMONHAS

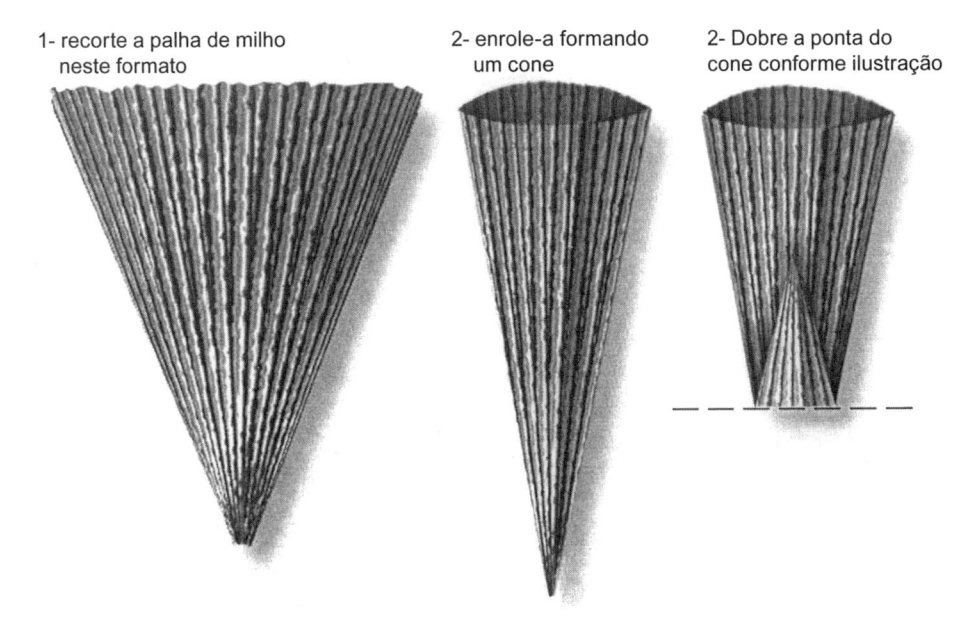

1- recorte a palha de milho neste formato

2- enrole-a formando um cone

2- Dobre a ponta do cone conforme ilustração

4- Faça 2 peças iguais e as coloque uma dentro da outra, conforme ilustração:

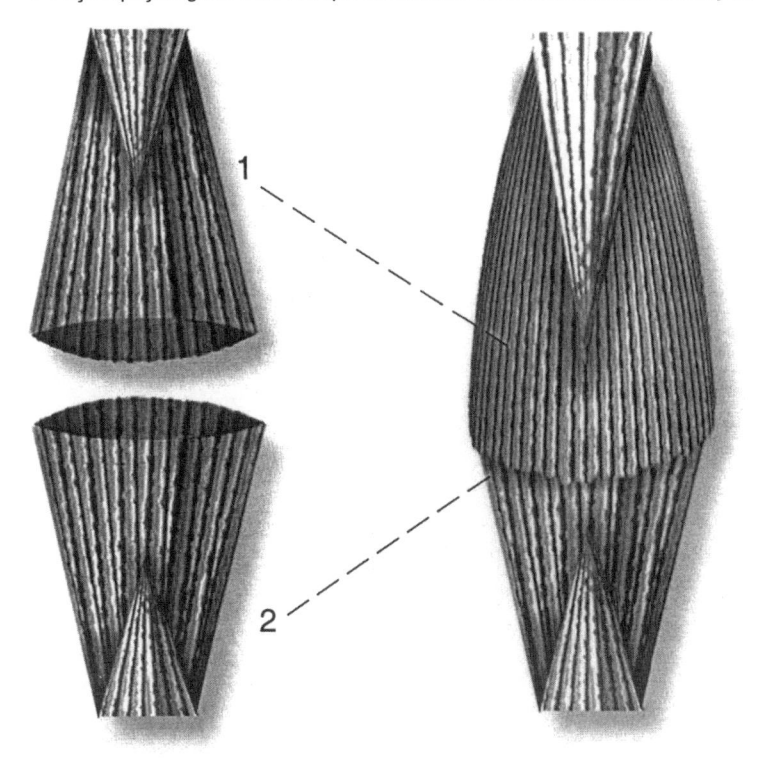

1

2

SEGUNDA PARTE

OS ORIXÁS E OS ESPÍRITOS ENSINAM SEUS PRATOS PREDILETOS

Capítulo 4

COMIDAS PARA AGRADAR A EXU E POMBA-GIRA

É dia de festa de orixá no terreiro. Na roça espalha-se um gostoso perfume de vinho, azeite, mel e pimenta. As colheres de pau e as tigelas recendem a coisas saborosas. As cozinheiras de santo andam atarefadas. Elas preparam a ceia dos deuses. Galinhas, quiabos, amendoim, partes de boi se misturam em cima da mesa. Os odores da comida temperada com dendê enchem a sala.

Chegam as filhas-de-santo, os batuqueiros, os mandingueiros, a turma do povo-do-santo. O som do batuque e do canto chamam quem vem chegando. Na entrada há uma fonte que é um feitiço de respeito. Depois vêm as escadarias e, em cada canto, uma surpresa: um bode preto de Exu, amarrado; uma serpente sem veneno, de Oxumarê, numa casinhola.

Os orixás chegam e dançam. Oxumarê arma o bote, Oxóssi atira flechas de luz, Iansã rodopia no vento. E lá vêm as comidas que deuses e humanos vão saborear.

No candomblé, Exu não tem qualquer característica demoníaca. Ele é um escravo do orixá e só faz aquilo que os deuses mandarem. Entretanto, antes de se servir a qualquer orixá, em festas de candomblé, Exu é servido, pois ele é o mensageiro, sem o qual nada se faz nos terreiros. Suas comidas preferidas são as farofas, uma comida de índio, farinha torrada que pode ser feita de diversas maneiras: com azeite-de-dendê, água, cachaça ou mel; com pimenta, cebolas ou frutas. Exu come esse prato em todos os terreiros e enche a boca.

BATIDA DE LIMÃO

INGREDIENTES:

uma xícara (de café) de suco de limão, bem verde;

três xícaras (de chá) de cachaça boa, pura, sem mistura;

açúcar a gosto;

uma bandeja de gelo picado.

MODO DE PREPARAR:

Coloque o suco de limão, a cachaça e o açúcar dentro de um misturador de bebidas. Bata bem e junte o gelo picado. Sirva em cálices mas, antes de tomar, derrame um pouco para o santo...

XINXIM DE BOFE

INGREDIENTES:

1 kg de bofe bem fresco;
200g de camarão seco;
uma cebola;

três dentes de alho;
uma pimenta-malagueta;
100 g de amendoim;
um molho de cheiro-verde;
sal a gosto;
suco de um limão;
azeite-de-dendê.

MODO DE PREPARAR:
Torre o amendoim e moa-o junto com o camarão. Corte o bofe em cubinhos e coloque em uma vinha d'alhos feita com sal a gosto, o alho socado e o suco de limão.
Pique o cheiro-verde, a cebola e a pimenta bem miudinhos.
Coloque o azeite-de-dendê em uma panela e, quando estiver bem quente, refogue os temperos, deixando dourar a cebola.
Junte o bofe e a vinha d'alhos ao refogado, e deixe cozinhar em fogo brando.
Sirva com farofa de dendê.

FAROFA DE DENDÊ

INGREDIENTES:

duas xícaras (de chá) de farinha de mandioca;
1/3 de xícara (de chá) de azeite-de-dendê;
uma cebola grande;
sal a gosto.

Modo de Preparar:
Pique a cebola e frite no azeite-de-dendê, deixando dourar sem queimar.
Junte a farinha, mexendo bem para que fique toda amarela.
Tempere com sal a gosto.

FAROFA DE ÁGUA QUENTE

Ingredientes:
duas xícaras (de chá) de farinha de mandioca;
1/5 de xícara (de chá) de água;
sal a gosto.

Modo de Preparar:
Coloque a farinha de mandioca dentro de um alguidar.
Coloque a água em uma panela, tempere com sal e leve ao fogo para aquecer.
Quando a água estiver quente, derrame em cima da farinha.
Misture, mexendo a farinha somente com os dedos indicadores, para que tudo saia bem.
Ofereça a Exu. Mas as pessoas podem comer também, acompanhando alguma carne.

PEIXE FRITO PARA ZÉ PELINTRA

Ingredientes:
1 kg de manjuhas ou sardinhas;
suco de um limão;

sal a gosto;
uma pimenta-malagueta;
um prato de farinha de mandioca;
azeite-de-dendê.

MODO DE PREPARAR:
Soque a pimenta e misture com o suco de limão e o sal.
Limpe os peixes e coloque-os no tempero, deixando-os por alguns minutos para pegar gosto.
Coloque o azeite-de-dendê em uma frigideira e aqueça bem ao fogo.
Escorra cada peixe, passe na farinha e frite.
Depois de todos prontos, arrume num alguidar.
Sirva com cerveja clara, um cigarro sem filtro, cravos vermelhos e uma vela branca. Os convidados também podem comer, só que com a cerveja bem gelada.

FAROFA DOCE PARA EXU

INGREDIENTES:
Duas xícaras (de chá) de farinha de mandioca;
meia xícara (de chá) de mel;
uma laranja;
uma lima-da-pérsia;
sete bagos de jaca;
uma fatia de abacaxi;
sete roletes de cana.

MODO DE PREPARAR:

Coloque a farinha em um alguidar.

Despeje o mel e misture bem.

Corte as frutas grandes em pedaços.

Arrume todas as frutas sobre a farofa.

CORAÇÕES PARA POMBA-GIRA

INGREDIENTES:

21 corações de galinha (que você compra no açougue, não precisa fazer matança);
uma pimenta-malagueta;
um vidrinho de mel;
azeite-de-dendê.

MODO DE PREPARAR:

Lave bem os corações.

Misture em uma panela um pouco de azeite-de-dendê e de mel.

Quando a mistura estiver bem quente, coloque os corações e refogue-os bem.

Deixe esfriar e coloque-os num alguidar.

Espalhe por cima a pimenta picadinha, mais um pouco de azeite-de-dendê e o restante do mel.

Sirva com uma garrafa de anis, marafo (cachaça) ou champanhe.

Capítulo 5

COMIDAS DE OGUM, O GRANDE GUERREIRO

Ogum é um orixá complexo, considerado geralmente como um dos filhos de Iemanjá. Nos mitos e crenças mais antigos, ele é chamado de filho de Odudúa, mas, em ambos os casos, o pai é Orixalá. As origens de Ogum datam dos tempos proto-históricos, e sua função é *asiwaju* – aquele que vai na frente dos outros, o que segue primeiro. Ogum é um desbravador. Ele caça e inventa as ferramentas, primeiro as de pedra, depois as de ferro. Depois de correr a floresta, de caçar e ganhar todos os caminhos, ele se faz ferreiro, agricultor e, por último, soldado. Ele faz a civilização. É irmão de Exu e seu companheiro mais calmo. Seu culto na África foi feito numa espécie de sociedade secreta, onde só os homens podiam entrar.

Ogum está profundamente ligado ao mistério das árvores. Seu assentamento é plantado ao pé de uma cajazeira rodeada de espadas-de-ogum, planta que o simboliza na umbanda. Sua insígnia é um facão de ferro, com o qual ele abre os caminhos, e uma coroa chamada *akoro*. Sua comida é a farofa de feijão, gostosa e quente, ligada ao mito da terra, das árvores e do caminho; a feijoada também é uma ótima oferta. Ogum Marinho, Sete Ondas, Matinata e Beira-Mar gostam muito de peixe.

FEIJOADA DE OGUM

INGREDIENTES:

1 kg de feijão preto ou cavalo;
500 g de peito bovino;
500 g de carne-seca;
250 g de lombo salgado;
500 g de lingüiça e/ou paio, a gosto;
250 g de toucinho fresco e/ou defumado, a gosto;
250 g de costela salgada; uma cebola grande;
sal a gosto;
azeite-de-oliva;
louro;
alho;
água.

MODO DE PREPARAR:

Ponha o feijão e as carnes de molho, separadamente, de véspera. Afervente bem as carnes, para tirar o excesso de sal e de gordura, e troque a água.

Cozinhe o feijão junto com as carnes e louro a gosto. Quando tudo estiver bem cozido, tempere com a cebola e o alho refogados no azeite. Se for preciso, acrescente mais sal.

FAROFA DE FEIJÃO

INGREDIENTES:

um pouco do feijão da feijoada feita para Ogum, sem as carnes;

azeite-de-dendê;
um punhado de farinha de mandioca.

MODO DE PREPARAR:

Escorra o feijão em uma peneira. Refogue-o no dendê e junte a farinha, mexendo para misturar bem sem deixar queimar. Quando não se serve ao orixá, come-se com café.

PEIXE DE OGUM

INGREDIENTES:

um peixe-espada;
uma cebola grande;
azeite-de-oliva;
sal;
sete cavalos-marinhos.

MODO DE PREPARAR:

Limpe bem o peixe. Coloque-o inteiro numa assadeira e tempere com azeite-de-oliva, rodelas de cebola e sal. Leve para assar.

Depois de pronto, deixe esfriar. Coloque em uma travessa de barro e enfeite com os cavalos-marinhos. Ofereça de preferência na praia.

CARÁ DE OGUM

INGREDIENTES:

1 kg de cará;
100 g de camarão seco;

uma cebola;
água;
palitos de mariô (folha de dendezeiro).

MODO DE PREPARAR:

Descasque o cará e coloque para cozinhar em água com o camarão e a cebola picada. Depois de frio, coloque em um alguidar e espete com muitos palitos.

Capítulo 6

COMIDAS PARA ALEGRAR OXÓSSI, O REI DOS CAÇADORES

Oxóssi, valente rei de Queto, é o caçador por excelência. Ele tem muitas características de Ogum: sendo seu irmão, também abre caminhos, caça e defende dos caçadores os animais que estão com filhotes. Foi ele quem chegou primeiro à Bahia, no tempo em que as três princesas negras Iá Nassô, Iá Calaá e Iá Detá, fundaram os três primeiros terreiros de nação iorubá: Engenho Velho, Gantois e Opó Afonjá.

Oxóssi come principalmente pratos feitos com milho e coco, como a pamonha, a canjica, o milho cozido e o assado. Também gosta de carne-de-sol e cuscuz. Bebe aluá e gengibirra; e aprecia muitas frutas, como banana, goiaba, mamão, pêra, uva e maçã.

MILHO ASSADO

INGREDIENTES:

espigas de milho verde (quantas desejar);
açúcar.

MODO DE PREPARAR:

Desfolham-se as espigas e põe-se para assar em um braseiro.

Depois de prontas, arruma-se em um alguidar e polvilha-se açúcar.

Em oferendas, devem-se usar fitas verdes para enfeitar o prato.

MILHO COZIDO

INGREDIENTES:

espigas de milho verde (quantas desejar);
água;
sal.

MODO DE PREPARAR:

Limpar as espigas e colocar numa panela de barro, com água e sal, para cozinhar.

Oxóssi aceita na mata estas espigas, com a maior alegria, dizem as iabás.

MUNGUNZÁ

INGREDIENTES:

500 g de milho branco para canjica;
uma garrafinha de leite de coco;
um copo de leite de vaca;
um litro de água;
sal;
uma xícara de açúcar.

MODO DE PREPARAR:

Ponha o milho de molho por algumas horas. Cozinhe-o em água com uma pitada de sal.

Depois de pronto, misture o leite de coco, o leite de vaca e o açúcar. Serve-se na consistência de sopa.

CARNE DE SERTÃO ASSADA

INGREDIENTES:
1 kg de carne-de-sol, de preferência gorda.

MODO DE PREPARAR:
Lave bem e escalde a carne, escorra e jogue-a na brasa. Quando fizer labareda, retire e lave em água fria. Leve-a novamente às brasas e deixe assar bem.
Para os caboclos e Oxóssi, é servida pura; os mortais comem com pirão e molho.

MOLHO PARA A CARNE-SECA ASSADA

INGREDIENTES:
Uma cebola picada;
um molho de coentro picado;
dois dentes de alho;
suco de um limão grande (ou dois pequenos);
sal a gosto.

MODO DE PREPARAR:
Misture tudo e coloque sobre a carne na hora de servir.

PIRÃO PARA A CARNE-SECA ASSADA

INGREDIENTES:
uma cebola;
dois tomates;

um dente de alho;
um molho de cheiro-verde;
sal a gosto;
100 g de toucinho;
duas colheres (de sopa) cheias de farinha de mandioca;
dois copos de água.

MODO DE PREPARAR:

Pique o toucinho e leve ao fogo para fritar. Refogue nele os temperos. Junte água e deixe cozinhar. Acrescente a farinha e mexa até dar o ponto.

CUSCUZ DE AIPIM

INGREDIENTES:

1 kg de aipim;
um coco ralado;
uma xícara de açúcar;
1/2 xícara de água;
sal.

MODO DE PREPARAR:

Descasque o aipim. Rale-o cru, junto com a água, para fazer uma massa bem fina. Deixe descansar em uma tigela por meia hora, esprema em um pano e desmanche com as mãos.

Tire o leite grosso do coco. Misture o bagaço do coco com o aipim e uma pitada de sal (que não deve ser posta se a comida for para o santo). Coloque em um prato de louça e embrulhe em um pano, amarrado no fundo do mesmo. Coloque sobre um cuscuzeiro ou uma panela com água fervente, tampe e deixe cozinhar por 20 minutos. Desenforme frio. Sirva cortado em talhadas, regado com o leite de coco adoçado a gosto.

ALUÁ DE OXÓSSI

Esta bebida também é chamada gengibirra.

INGREDIENTES:

uma garrafa de vinho tinto doce;
uma colher (de sopa) de gengibre ralado;
açúcar;
folhas de jurema (opcional).

MODO DE PREPARAR:

Misture o vinho com o gengibre e adoce a gosto.

Só junte as folhas de jurema se estiver preparando a bebida para o santo; para os viventes, deixe-a pura.

QUITANDA PARA OXÓSSI

Ao ir para o candomblé de angola, muitas comidas dos candomblés de queto se simplificaram, ficaram mais fáceis de fazer. Esta receita é um exemplo.

INGREDIENTES:

uma melancia inteira;

frutas variadas: maçã, pêra, banana, uva, goiaba etc.;

meio metro de fita verde ou azul-clara.

MODO DE PREPARAR (figura 3):

Para começar, você irá cortar a melancia no formato de uma cesta, seguindo os passos descritos a seguir:

1. ponha-a deitada sobre a mesa, na posição em que ela fica melhor equilibrada. Com uma faca grande, dê um talho vertical perto do ponto mais alto da fruta (mas não exatamente no meio), que a corte completamente até metade da sua altura;
2. a seguir, dê um corte horizontal semelhante, indo da borda lateral da fruta (na metade de sua altura) até encontrar o corte vertical no centro;
3. retire o pedaço cortado;
4. faça um recorte semelhante do outro lado, deixando uma tira vertical no meio, que será a alça da cesta.

Com uma faca menor ou uma colher, retire parte da polpa da melancia e arrume as outras frutas no espaço assim formado. Por último, dê um laço com a fita no alto da alça. Oxóssi adora essa oferenda, que nem vai ao fogo.

Capítulo 7

PRATOS PARA AGRADAR AO PODEROSO OMOLU

Omolu é um vodum do Daomé, filho de Nanã Burucu. Ele também é chamado de Obaluaiê, em sua forma mais jovem: Omolu é o Filho do Senhor e Obaluaiê é o Dono da Terra. Deus da varíola e da sua cura, seu culto é anterior à chegada de Odudúa, quando se iniciou o culto aos orixás. Ele é o dono dos caurís (búzios), que valiam como moeda em seu tempo.

Segundo seu mito, Omolu foi abandonado pela mãe na beira do mar. Quase morreu, mas foi salvo por Iemanjá, que lhe deu uma alimentação especial e o cercou de cuidados. É por isso que as comidas de Omolu seguem preceitos muito especiais, como não levar sal, e ele só bebe água.

DOBURU

Este é o nome da pipoca deste vodum poderoso, que também é chamada "flor de Obaluaiê".

INGREDIENTES:

meia xícara de milho de pipoca;
um punhado de areia de praia;
algumas folhas de louro bem frescas;
um vidrinho de mel de abelhas.

QUITANDA PARA OXÓSSI: A CESTA DE MELANCIA

1- Marque a melancia conforme ilustração

2- Com uma faca afiada, corte-a de acordo com a marcação

3- Retire todo o miolo* da fruta com cuidado, mantendo a "alça da cesta".

* o miolo retirado também servirá para colocar na cesta.

Modo de Preparar:

Estoure a pipoca em uma panela sem óleo, junto com a areia. Depois de pronta, deixe esfriar.

Arrume a pipoca em um alguidar, respingue mel por cima e ponha as folhas de louro na borda do alguidar, enfeitando.

FEIJÃO PARA OMOLU

Ingredientes:
um quilo de feijão-fradinho;
meio quilo de camarão seco;
uma cebola grande;
água;
azeite-de-dendê.

Modo de Preparar:

Cozinhe o feijão na água pura. Depois de pronto, junte os camarões sem casca e a cebola ralada. Amasse tudo e coloque em um alguidar. Regue com azeite-de-dendê.

Capítulo 8

COMIDAS DO MISTERIOSO IROCO

Iroco é o orixá da árvore sagrada dos candomblés, a morada de todos os orixás. Filho de Nanã, era originalmente o vodum jeje Loco, levado para a religião iorubá ainda na África. No Brasil, foi sincretizado com o inquice banto Kitembo, aqui chamado Tempo. É o deus que governa o clima e as mudanças de tempo. Suas comidas são feitas com milho, coco e mel, e seus pratos salgados levam azeite-doce, em vez de dendê.

EBÔ

Este é o nome da canjica de Iroco.

INGREDIENTES:

500 g de milho branco para canjica;
uma laranja-lima;
um vidrinho de mel;
duas xícaras de açúcar;
quatro xícaras de água.

MODO DE PREPARAR:

Cozinhe o milho em água pura. Quando estiver amolecendo, adoce a gosto.

Coloque em uma tigela branca. Enfeite com a laranja cortada em fatias e regue com mel.

AMALÁ DE IROCO

INGREDIENTES:

1 kg de feijão branco;
uma cebola grande;
100 g de camarão seco;
um coco maduro cortado em tiras;
azeite-de-oliva;
sal;
água.

MODO DE PREPARAR:

Cozinhe o feijão em água e sal, com a cebola picadinha. Quando estiver macio, escorra e coloque-o em uma tigela.

Refogue os camarões no azeite e ponha-os por cima do feijão. Enfeite com o coco.

Capítulo 9

PRATOS DO GRANDE REI XANGÔ

Xangô é o senhor dos raios, das tempestades e do trovão, sendo também quem rege a justiça. Xangô nasceu nas terras quentes da África. Foi um dos mais famosos reis sacros dos iorubás, exercendo seu poder no reino de Oió. Depois de muitos anos de reinado, subiu para sua montanha, longe dos olhos mortais, passando a viver em reclusão. Levou suas mulheres, Obá, Iansã e Oxum. Levou também seu machado duplo de bronze, com suas duas asas afiadas, de um tempo muito antigo.

Seus pratos preferidos são feitos com quiabo, legume que muito lhe apetece, mas ele também aprecia outras comidas salgadas, desde que bem temperadas, e doces saborosos.

AMALÁ

Segundo as mães-de-santo tradicionais, o amalá é uma iguaria feita com quiabo, que se destina a Xangô, o grande orixá do trovão, e que também é servido a Iansã. Mas o nome também é usado para designar certos pratos destinados a outros orixás, postos nos altares em seus dias votivos. Em algumas regiões, o amalá de Xangô também é feito com folhas de mostarda, taioba, bredo (caruru) ou capeba; mas só se usa um legume ou erva de cada vez.

INGREDIENTES:
2 kg de quiabo ou quatro molhos da verdura escolhida;
duas cebolas;
50 g de camarão seco;
azeite-de-dendê;
sal;
água;
uma rabada;
dois dentes de alho;
três tomates;
suco de um limão;
sal.

MODO DE PREPARAR:
Separe 12 quiabos e cozinhe-os inteiros. Reserve também alguns camarões inteiros.

Corte a rabada e tempere com limão e sal.

Pique o restante dos quiabos bem miúdos e moa o restante dos camarões com uma das cebolas. Refogue o camarão com cebola no azeite-de-dendê. Junte o quiabo e um pouquinho de água, e deixe cozinhar.

À parte, ponha a rabada para cozinhar com a outra cebola, o alho e os tomates picados.

Quando o quiabo estiver bem macio, junte os camarões inteiros e mais dendê, deixando apurar mais um pouco. Ponha em uma gamela, com a rabada por cima, e enfeite com os quiabos inteiros. Sirva com angu ou arroz.

ECURU

INGREDIENTES:

1 kg de feijão-fradinho;
100 g de camarão seco;
uma cebola grande;
sal;
20 pedaços de folha de bananeira;
20 pedaços de embira;
água;
azeite-de-dendê.

MODO DE PREPARAR:

Coloque o feijão de molho em água pura de um dia para o outro. Escorra e esfregue em uma peneira para tirar as cascas. Isto feito, moa os grãos limpos até formar uma massa homogênea. Tempere com azeite, camarão seco e cebola ralada, batendo bem.

Coloque uma porção de massa em cada pedaço de folha, embrulhe e amarre com as embiras. Ponha os bolos em um cuscuzeiro ou escorredor de massa, ponha sobre uma panela com água fervente e deixe cozinhar.

Para servir, desembrulhe e regue com azeite-de-dendê.

BENGUÊ

Este é o nome dado à canjica de Xangô.

INGREDIENTES:

1/2 kg de milho branco para canjica;
duas xícaras de açúcar;
quatro xícaras de água.

Modo de Preparar:

Cozinhe o milho na água pura. Quando estiver amolecendo, adoce a gosto.

Sirva em uma tigela branca.

ABERÉM

Ingredientes:

uma caixinha pequena de amido de milho (maisena) ou creme de arroz, ou 250 g de milho branco;

11/2 litro de água;

uma xícara de açúcar;

15 pedaços de folha de bananeira;

15 pedaços de embira.

Modo de Preparar:

Se usar farinha, dissolva-a em meio litro de água. Se usar milho, deixe-o de molho por algumas horas em meio litro de água e moa-o.

Leve o restante da água ao fogo. Quando começar a ferver, junte a farinha já diluída (ou o milho moído) e mexa sem parar até formar um mingau grosso. Tire do fogo e junte o açúcar.

Faça bolos enrolados na folha de bananeira e leve para cozinhar no vapor.

ZORÓ

INGREDIENTES:

1 kg de quiabo;
100 g de camarão fresco e limpo;
uma cebola;
azeite-de-dendê;
um punhado de cheiro-verde;
um punhado de coentro;
sal;
água.

MODO DE PREPARAR:

Refogue a cebola no dendê. Junte o quiabo, sal a gosto e um pouco de água. Deixe cozinhar. Quando estiver quase no ponto, junte os camarões e deixe que cozinhem rapidamente. No final adicione o cheiro-verde e o coentro picadinhos.

Deixe esfriar e sirva ao santo, que o aprecia muito, dizem os devotos.

Capítulo 10

COMIDAS DE OSSÂIM, O SENHOR DAS FOLHAS

Ossâim é o dono das ervas medicinais e litúrgicas, de um axé imprescindível até para os outros orixás. Sua importância é enorme, pois nenhuma cerimônia pode ser feita sem as ervas: os velhos babalaôs afirmam que "sem folha não há candomblé". Seu símbolo é uma haste de ferro com sete pontas que lembram folhas, tendo na extremidade a imagem de um pássaro.

Ossâim come feijão preto, verduras e frutas.

FEIJÃO DE OSSÂIM

INGREDIENTES:
meio quilo de feijão preto;
algumas folhas de chicória;
100 g de toucinho fresco;
azeite-de-oliva;
água;
farinha de mandioca torrada.

MODO DE PREPARAR:
Cozinhe o feijão em água pura.

Pique o toucinho, leve-o ao fogo com bastante água e deixe derreter sua gordura. Escorra e ponha o toucinho para fritar, até ter torresmos bem louros.

Quando o feijão estiver pronto, junte o torresmo, um pouco de farinha e de azeite. Misture bem e leve ao fogo por 10 minutos, mexendo sempre.

Forre uma travessa de barro com as folhas de chicória e arrume o feijão por cima.

MINGAU DE OSSÂIM

INGREDIENTES:

uma xícara de farinha de acaçá (milho branco moído);
uma xícara de água;
um vidrinho de mel;
algumas folhas de chicória.

MODO DE PREPARAR:

Misture a farinha e a água. Leve ao fogo, mexendo sempre, até fazer um mingau bem liso.

Fora do fogo, misture o mel e vá batendo com uma colher de pau, enquanto faz sua mentalização para o orixá.

Depois de bem batido, coloque em um alguidar e enfeite com folhas de chicória.

Capítulo 11

PRATOS DE OXUMARÊ, A SERPENTE DOS TERREIROS

Um oriqui (cântico) desse orixá descreve bem suas características: "Oxumarê fica no céu, controla a chuva que cai sobre a terra, chega às florestas e respira como o vento. Oxumarê, vem até nós para que cresçamos e tenhamos longa vida." Filho de Nanã, Oxumarê é a serpente do arco-íris, semelhante à que aparece em mitos de muitas civilizações.

Segundo alguns mitos, é um servidor de Xangô. Sincretizado com São Bartolomeu, Oxumarê dá riquezas. Por isso, ofereça-lhe sua comida preferida quando estiver precisando melhorar suas finanças.

SERPENTE NAS FOLHAS

INGREDIENTES:

um quilo de batata-baroa;
um maço de folhas de mostarda;
água.

MODO DE PREPARAR:

Descasque e cozinhe as batatas na água pura. Depois de prontas, amasse-as.

Coloque a massa em um alguidar, modelando com ela uma cobra. Enfeite com as folhas.

OVOS PARA OXUMARÊ

INGREDIENTES:

seis ovos;
meio quilo de feijão preto;
100 g de camarão seco;
uma cebola;
algumas folhas de uma verdura comestível a seu gosto (mostarda, chicória, taioba);
água.

MODO DE PREPARAR:

Cozinhe os feijões e os ovos. Descasque os camarões e pique a cebola.

Quando o feijão estiver cozido, separe dois grãos inteiros e moa o restante junto com o camarão e a cebola.

Coloque a massa em um alguidar, modelando com ela uma cobra. Com os dois feijões que reservou, faça os olhos.

Enfeite o prato com algumas folhas e ponha os ovos cozidos em volta.

Capítulo 12

SABORES DE LOGUNEDÉ, PRÍNCIPE DE QUETO

Filho de Oxum Ipondá e Oxóssi Erinlé, Logunedé vem de Ijexá e é chamado príncipe de Queto. Dono dos seixos molhados de água, que rolam nos rios e que são as suas representações materiais, é um orixá andrógino. Não é bem conhecido nos terreiros cariocas, mas na Bahia dança ricamente, imitando os trejeitos de sua mãe e de seu pai. Suas cores são verde, amarelo e azul-claro, e seus guiames (colares) são feitos de contas destas cores. Seu dia é o mesmo de seu pai, a quinta-feira.

Como qualquer orixá, Logunedé tem seus pratos prediletos. Neles há, às vezes, sabores delicados, outras vezes gostos fortes, pois sua preferência, ora é a de uma frágil donzela, ora a de um homem destemido, forte e bravo guerreiro. Misturando as preferências do pai e da mãe, ele vive seis meses sobre a terra, e seis meses na água. Quando vive na mata, aceita pratos de Oxóssi, como caça, galo, bode e milho. Quando vive na água, come peixe.

PAMONHA DE MILHO VERDE

Este prato serve para Oxóssi e Logunedé.

INGREDIENTES:

seis espigas de milho verde;
duas colheres de sopa de açúcar;
uma colher de sopa de leite;
palhas de milho para embrulhar quatro pamonhas (oito palhas inteiras e mais algumas tiras).

MODO DE PREPARAR:

Rale as espigas. Passe a massa em uma peneira para tirar as cascas dos grãos. Misture o açúcar e o leite, fazendo uma massa grossa.

Como foi explicado no Capítulo 3, na página 32, faça quatro pacotinhos de palha, colocando um pouco da massa em cada um deles.

Leve ao fogo em uma panela com bastante água, até as palhas ficarem amareladas. Escorra e coloque em um alguidar.

Quando estiverem enxutas e frias, sirva-as a Logunedé. Quentinhas, são para os mortais comida de muito agrado, tal o seu excelente sabor.

ALUÁ DE ABACAXI

O famoso aluá é bebida de Logunedé e Oxóssi.

INGREDIENTES:

cascas de um abacaxi;

duas xícaras de açúcar;
dois litros de água;
um pedaço de gengibre ralado (esse pedaço pode ser maior ou menor, conforme o seu gosto).

MODO DE PREPARAR:
Lave as cascas do abacaxi. Coloque-as dentro de um pote com a água e o gengibre. Deixe fermentar por três dias, sem fechar completamente o pote, para que o gás possa sair. Coe, junte o açúcar e sirva ao orixá.

Alguns servem esta bebida em coités (cuias de cabaça), outros preferem beber o aluá na quenga de coco.

PESCADO PARA LOGUNEDÉ

INGREDIENTES:

meio quilo de peixe (pescada, anchova, vermelho);
um molho de cheiro verde;
coentro a gosto;
pimenta;
sal;
azeite-de-oliva;
uma xícara de amendoim torrado.

MODO DE PREPARAR:
Lave e tempere o peixe. Refogue com os temperos no azeite e deixe cozinhar.

Depois de pronto, desligue o fogo, junte parte do amendoim e tampe a panela, deixando por dez minutos.

Coloque em um alguidar e enfeite com o restante dos amendoins.

FRANGO COM MILHO

INGREDIENTES:
meio quilo de frango;
seis espigas de milho verde;
azeite-de-oliva;
cebola;
água;
sal

MODO DE PREPARAR:

Corte o frango em pedaços. Refogue a cebola no azeite.

Junte o frango, tempere com sal a gosto e deixe cozinhar, pingando água conforme seja necessário.

Quando a carne estiver cozida, junte o milho debulhado e deixe mais dez minutos no fogo.

Capítulo 13

COMIDAS DE IANSÃ, A GUERREIRA DOS VENTOS

Primeiramente, devemos saber que Iansã resolve casos difíceis, pois é guerreira e dona dos ventos. É a única orixá que não teme os eguns. Foi mulher de Xangô e sua melhor companheira de aventuras; por ele abandonou o primeiro marido, Ogum, e provocou uma guerra entre os orixás. O sabor de suas comidas combina com o calor de seu temperamento sensual e explosivo.

ACARAJÉ

Este prato é servido a Iansã e a Xangô.

INGREDIENTES:

500 g de feijão-fradinho;
50 g de camarão seco;
uma cebola pequena;
sal;
azeite-de-dendê;
folhas de louro bem verdes.

MODO DE PREPARAR:

Coloque o feijão de molho de um dia para o outro. Depois de escorrer a água, retire a película que cobre os grãos, esfregando-os em uma peneira. Passe o feijão cru na máquina de moer, transformando-o numa massa fina.

Moa a cebola e o camarão seco. Junte-os ao feijão, adicionando um pouco de azeite-de-dendê e sal a gosto. Bata bem a massa, até que ela forme bolhas.

Leve ao fogo uma panela alta (não precisa ser grande), quase cheia com azeite-de-dendê. Quando o azeite estiver fervendo, coloque colheradas da massa modelada em bolinhos: grandes e alongados para Xangô, menores e redondos para Iansã. Deixe fritar por alguns minutos, até que fiquem dourados.

Para os orixás, os acarajés são servidos frios, arrumados em um prato enfeitado com folhas de louro bem verdes. Para os mortais, que se lambem ao prová-los, servem-se quentes, recheados com vatapá e molho de acarajé, e acompanhados com uma pinga de boa qualidade, não dessas sem gosto, vendidas por toda parte.

MOLHO PARA ACARAJÉ

INGREDIENTES:

100 g de camarão seco;
três pimeritas-malaguetas vermelhas;
duas cebolas;
azeite-de-dendê;
sal.

MODO DE PREPARAR:

Lavar e descascar os camarões.
Picar as cebolas e as pimentas.

Refogar tudo no dendê e servir em uma tigelinha, para ser posto às colheradas dentro dos acarajés cortados ao meio na hora de comer. Adicionar sal a gosto.

VATAPÁ

Esta comida é servida a Ogum como prato principal, ou serve para rechear os acarajés de Iansã e Xangô. Para Iansã, pode ser servido como prato principal, sendo o peixe e o camarão substituídos por uma galinha em pedaços.

INGREDIENTES:

500 g de peixe;
250 g de camarão fresco;
100 g de camarão seco;
200 g de amendoim torrado e moído;
100 g de pão dormido (meia bisnaga ou dois pãezinhos);
um vidrinho de leite de coco;
um limão;
uma cebola;
um pires de cheiro-verde picado;
um pires de coentro picado;
um tomate;
um dente de alho;
gengibre a gosto;
azeite-de-dendê;
sal a gosto.

Modo de Preparar:

Limpe o peixe, corte em pedaços grandes e tempere com limão, alho, um pouco do cheiro-verde e do coentro, e sal.

Moa o camarão seco com a cebola e o gengibre. Refogue em azeite-de-dendê e junte o tomate picado e o restante do cheiro-verde e do coentro.

Arrume dentro da panela os pedaços de peixe e o camarão fresco já limpo. Tampe e deixe cozinhar.

Quando o peixe estiver cozido, junte o amendoim, o leite de coco e o pão moído, mexendo para engrossar o molho. Desligue o fogo e regue com mais dendê.

Como prato principal, sirva com arroz branco. Como recheio, coloque uma boa colherada dentro do acarajé cortado ao meio na hora de comer e já temperado com o molho de pimenta.

BOBÓ DE CAMARÃO

Este prato agrada também a Xangô.

Ingredientes:

1 kg de camarões frescos;
1 kg de aipim;
uma xícara de leite de coco;
duas xícaras de água;
dois dentes de alho;
uma colher de sopa de azeite-de-dendê;
uma colher de sopa de manteiga;

uma cebola grande;
três tomates;
um maço de coentro ou cheiro-verde;
uma folha pequena de louro;
suco de um limão;
sal a gosto.

MODO DE PREPARAR:

Leve ao fogo o aipim com metade da água e sal a gosto. Enquanto ele cozinha, descasque os camarões, limpe-os bem, tempere com o limão e reserve. Afervente as cabeças com o restante da água. Coe o caldo e reserve.

Refogue a cebola e os tomates na manteiga. Junte o alho, o coentro, o louro, os camarões e o caldo das cabeças, e deixe cozinhar. Enquanto isso, escorra e amasse o aipim. Quando o molho de camarão estiver apurado, junte o aipim, o leite de coco e o dendê.

Coloque esse purê em uma travessa, enfeite com folhas de salsa e louro verdinho, e sirva imediatamente. É uma delícia, mas deve ser servido em dia frio, pois faz suar qualquer mortal, até os mais resistentes. Uma boa bebida para acompanhar é o champanha gelado (em caso de mortal, pois o orixá, o imortal, não bebe gelado, não).

ABARÁ

INGREDIENTES:

meio quilo de feijão-fradinho;
200 g de camarão seco;
duas cebolas picadas;
um pedaço de gengibre;

meia xícara de azeite-de-dendê;
sal;
30 pedaços de folha de bananeira já preparados;
30 pedaços de embira.

MODO DE PREPARAR:

A massa é preparada da mesma forma que a de acarajé, temperada com azeite-de-dendê, sal, cebola e gengibre, que devem ser moídos junto com o feijão.

Pronta a massa, retire com uma colher uma quantidade pequena e forme um bolinho. Dentro dele coloque um camarão seco.

Envolva o bolinho em um pedaço de folha de bananeira e amarre com embira. Cozinhe todos em banho-maria.

MILHO DE IANSÃ

Iansã gosta muito deste prato.

INGREDIENTES:

oito espigas de milho;
um vidrinho de mel de abelhas;
água.

MODO DE PREPARAR:

Limpe as espigas e leve-as para cozinhar em água pura.

Quando o milho estiver macio, retire-o do fogo e arrume as espigas em pé em um alguidar. Depois de frias, regue-as com mel.

Capítulo 14

COMIDAS DE OBÁ, A GUERREIRA DE UMA ORELHA SÓ

Obá desejava ser a mais amada de Xangô. A tudo se submetia por seu amor. Certa vez, pediu a Iansã e a Oxum, também dengosas amantes do orixá dos raios, que revelassem o segredo do desejo de Xangô. Oxum mandou que ela cozinhasse sua orelha, e ela assim fez. Quando Xangô viu o que lhe foi servido, ficou enojado e rejeitou Obá, que ficou furiosa e atacou a falsa amiga. É por isso que até hoje, quando aparece num candomblé, Obá usa um turbante atado na cabeça a fim de esconder uma das orelhas. E assim ela dança nos barracões de santos, cobrindo a orelha com seu escudo de cobre, e lutando com a sua espada contra as mentiras.

Sincretizada na figura de Santa Joana d'Arc, Obá come cogumelos e ovos ao modo baiano (feitos no dendê) que, diga-se de passagem, são verdadeiramente deliciosos.

OVOS DE OBÁ

Obá, como os outros orixás, jamais resiste à sua comida predileta.

INGREDIENTES:
seis ovos;

um molho de cheiro-verde;
uma cebola;
azeite-de-dendê;
sal.

MODO DE PREPARAR:

Refogue todos os temperos no dendê.

Abra os ovos por cima desse refogado e vá cobrindo-os com o azeite que ferve na frigideira.

Quando os ovos estiverem duros, transfira-os para uma travessa e espere esfriar.

ALUÁ DE OBÁ

INGREDIENTES:

uma garrafa de vinho moscatel;
um ovo cru;
uma pitada de noz-moscada;
um pouco de xarope de groselha;
açúcar a gosto.

MODO DE PREPARAR:

Bata tudo junto no liquidificador e sirva para Obá.

Capítulo 15

COMIDAS DA BELA EUÁ

Filha de Nanã, Euá é irmã gêmea de Oxumarê, considerada por alguns a parte branca do arco-íris. É a deusa da beleza e da alegria. Governa a chuva suave que limpa e regenera a natureza, sem provocar destruição.

CANJIQUINHA DE EUÁ

INGREDIENTES:
200 g de canjiquinha amarela (quirera);
100 g de camarão seco;
água;
sal;
azeite-de-dendê;
uma cebola.

MODO DE PREPARAR:

Lave a canjiquinha e deixe-a de molho por algum tempo.

Enquanto isso, limpe e descasque o camarão. Moa-o junto com a cebola e refogue no dendê.

Quando o camarão estiver dourado, junte água, a canjiquinha e, se for necessário, um pouco de sal.

Cozinhe em fogo brando, prestando atenção para que não queime no fundo da panela.

BATATA-DOCE PARA EUÁ

INGREDIENTES:
meio quilo de batata-doce;
um vidrinho de mel;
água;
sal.

MODO DE PREPARAR:

Cozinhe a batata em água e sal. Quando estiver macia, coloque em uma travessa e amasse, misturando um pouco de mel. Modele na forma de uma âncora (o símbolo da deusa) e regue com mais mel.

Capítulo 16

COMIDAS PARA IEMANJÁ, A SENHORA DO MAR

A sereia dos cinco nomes, chamada Iemanjá, Dona Maria, Marabô, Inaê e Dona Janaína, nasceu na África. Lá, no seu rio sagrado, sempre foi rainha. Depois, quando as tribos vieram de Oió e de toda a Ilu Aiê, ela também veio para o Brasil. Seu canto de sereia acompanhou os tumbeiros (navios negreiros). Neles ela ouviu o banzo, viu a chibata e acampou nas novas terras, plantando o seu poder nas águas serenas que havia por aqui.

A meiga mãe dos peixes recebe manjar branco e peixe cozido. Nas noites de festa, saudada pela voz dos ogãs (cantores e tocadores sagrados) que se mistura às cantigas chorosas do mar, vem de suas águas e fica até a madrugada recebendo as homenagens e ouvindo as súplicas de seus fiéis.

MANJAR PARA IEMANJÁ

INGREDIENTES:

um litro de leite de vaca;
leite grosso de um coco;
seis colheres de sopa de maisena;
uma xícara de açúcar;
água de flor de laranjeira.

Modo de Preparar:

Dissolva a maisena e o açúcar no leite de vaca. Leve ao fogo, mexendo sempre, até formar um mingau liso.

Fora do fogo, junte o leite de coco e um pouco de água de flor de laranjeira.

Despeje em uma fôrma para pudim no formato de um peixe, molhada com água fria. Desenforme depois de frio.

PEIXE PARA IEMANJÁ

Ingredientes:

um peixe branco (de preferência tainha, mas pode ser corvina ou cioba);

uma cebola;

suco de um limão;

azeite-de-oliva;

50 g de camarão seco.

Modo de Preparar:

Limpe o peixe, deixando-o inteiro. Tempere com o limão e deixe por meia hora. Arrume-o em uma frigideira grande com água e cozinhe sem mexer, para que não se desmanche. Quando estiver pronto, retire-o com cuidado para uma travessa branca.

Para o orixá o peixe é feito assim, sem sal nem temperos. Para servir aos viventes, refogue a cebola e o camarão no azeite e despeje sobre o peixe já pronto.

Capítulo 17

OS GOSTOS DE OXUM, SENHORA DAS ÁGUAS DOCES

A meiga e linda Oxum, senhora das águas doces, é dona do ouro e das minas, do dengo e do perfume. Santa menina brejeira, senhora do amor, mora nas cachoeiras douradas e tem muito poder sobre a intuição. Só as filhas de Oxum podem fazer o jogo de búzios: conta a lenda que Oxum enganou Exu para conhecer o segredo desse jogo. Ela foi mulher de Xangô, e transfere para as suas filhas o seu jeito ameno de ser, seu carinho e bondade.

OMOLOCUM

INGREDIENTES:
meio quilo de feijão-fradinho;
quatro ovos;
50 g de camarão seco;
uma cebola pequena;
azeite-de-oliva.

MODO DE PREPARAR:
Cozinhe os ovos e reserve. Limpe os camarões e reserve.

Limpe o feijão e cozinhe-o em água pura. Quando estiver macio, escorra o caldo.

Refogue os camarões e a cebola no azeite. Junte o feijão. Deixe ferver um pouco para tomar gosto e secar o caldo.

Arrume em um alguidar e enfeite com os ovos cozidos descascados. Para o orixá serve-se frio.

IPETÉ

INGREDIENTES:

1 kg de aipim;
100 g de camarão seco;
uma cebola;
pimenta;
azeite-de-dendê;
água.

MODO DE PREPARAR:

Descasque o aipim e ponha-o para cozinhar em água pura. Limpe os camarões e reserve.

Em uma frigideira, prepare o tempero refogando no dendê os camarões, a cebola e um pouco de pimenta a gosto. Escorra o aipim, junte-o ao tempero e deixe ferver um pouco até que tome cheiro e sabor.

Serve-se frio à divindade. Oxum gosta muito deste prato.

FARINHA DE BANANA (EFUN-OGUEDÊ)

INGREDIENTES:

Algumas bananas-da-terra ou bananas-de-são-tomé, não muito maduras.

MODO DE PREPARAR:

Descasque as bananas, corte-as em fatias, espalhe em um tabuleiro e deixe-as secar ao sol.
Quando estiverem bem secas, passe-as no ralador para fazer uma farinha.
Serve-se essa farinha para Oxum numa tigela branca, com peixe cozido e temperos.

XINXIM DE GALINHA

INGREDIENTES:

uma galinha ou frango grande;
250 g de camarão seco moldo;
100 g de amendoim torrado;
duas cebolas;
meio molho de salsa;
meio molho de coentro;
um dente de alho;
louro;
suco de um limão;
pimenta;
sal;
gengibre;
azeite-de-dendê;
água.

MODO DE PREPARAR:
Limpe a ave e corte-a em pedaços, tendo o cuidado de cortá-la nas juntas, pois é assim que se cortam as aves para os santos. Tempere com limão, sal e alho.
Refogue com o camarão, a salsa e o coentro picados, a cebola ralada, pimenta a gosto, o gengibre, as folhas de louro e o azeite-de-dendê. Vá pondo água até a ave ficar cozida.
Quando a carne estiver macia, deixe secar toda a água (para a carne não ficar descorada) e junte mais azeite-de-dendê para refogar por mais alguns minutos antes de retirar do fogo.
Deixe esfriar e sirva com farofa de azeite-de-dendê.

COCADAS DE OXUM

INGREDIENTES:
1 kg de açúcar;
meia xícara de água;
dois cocos ralados;
caldo de um limão;
uma colher (chá) de gengibre ralado;
manteiga para untar o tabuleiro.

MODO DE PREPARAR:
Ponha o açúcar em uma panela e leve ao fogo para caramelar.
Quando o açúcar estiver queimado, junte a água e deixe ferver um pouco em fogo baixo para dissolver o caramelo e fazer uma calda homogênea.

Junte o coco e cozinhe, mexendo sempre, até que apareça o fundo da panela. Junte o caldo de limão e o gengibre.

Tire do fogo, ponha às colheradas sobre um tabuleiro untado com manteiga e deixe esfriar.

Capítulo 18

COMIDAS PARA SERVIR A NANÃ COM MUITO RESPEITO

Nanã é a mais velha das mães-d'água, a grande deusa dos jejes. Conta uma lenda que ela era uma grande rainha, muito poderosa e sabedora de muitas magias, entre as quais o domínio sobre os eguns. Nanã foi pedida em casamento por Oxalá, rei de um reino vizinho, e exigiu, como condição para aceitar seu pedido, que ele não tentasse descobrir o segredo de seu poder sobre os mortos. Oxalá aceitou o trato mas, depois de casado, enganou a esposa e usurpou seu domínio sobre os espíritos ancestrais; apesar de ter perdido seu poder para Oxalá, Nanã continuou sendo a mãe que embala os espíritos no sono da morte.

EFÓ

INGREDIENTES:

um molho de taioba;
azeite-de-oliva;
uma cebola;
100 g de camarão seco;
água;
sal.

MODO DE PREPARAR:
Lave as folhas de taioba e leve ao fogo com água pura. À parte, soque o camarão seco descascado com a cebola picada, sal a gosto e um pouquinho de azeite. Quando a taioba estiver fervendo, retire do fogo e escorra. Coloque sobre a tábua de carne e bata bem com uma faca até formar uma pasta.
Misture a verdura ao molho de camarão e leve ao fogo brando por 12 minutos, tampando a panela. Sirva frio.

SARAPATEL

INGREDIENTES:
1 kg de miúdos de porco;
uma xícara de sangue de porco;
azeite-de-dendê;
um limão;
uma cebola;
dois dentes de alho;
um molho de coentro;
um molho de cheiro-verde;
pimenta-malagueta;
louro;
cominho;
água;
sal.

Modo de Preparar:

Lave os miúdos, esfregue bem com o suco do limão e pique miudinho. Leve ao fogo com água, sal a gosto e todos os temperos picadinhos.

Cozinhe o sangue separadamente. Quando os miúdos estiverem prontos, esfarele o sangue com a mão e jogue dentro da panela. Por fim, junte azeite-de-dendê e deixe mais alguns minutos no fogo para pegar gosto.

DOCE DE BATATA-ROXA

Ingredientes:

500 g de batata-roxa;
água;
um vidrínho de mel;
folhas de saião.

Modo de Preparar:

Cozinhe as batatas com casca, na água pura, até ficarem bem macias.

Deixe esfriar, descasque e amasse. Misture o mel e arrume na travessa dando o formato de uma pirâmide. Coloque folhas de saião bem no alto, para enfeitar.

Capítulo 19

PRATOS PARA AGRADAR IBEJI

Ibeji é o orixá nagô que representa os gêmeos. Ele corresponde ao inquice Vungi. No candomblé, tornou-se o protetor de todas as crianças. Não deve ser confundido com "erê", que é a forma infantil de todo orixá, e que se manifesta às vezes em seu filho feito no santo.

Sincretizado com os santos Cosme e Damião, Ibeji passou a ser conhecido também como um par de santos (às vezes chamados Bêje e Bêja) que, na umbanda, chefiam a Linha das Crianças ou Ibeijada. Nesta linha, estão todos os espíritos que se manifestam como crianças. Protegidos especiais de Oxalá, são amados e respeitados por todos os orixás, que atendem a todos os seus pedidos.

Como são orixás e espíritos infantis, Ibeji e as crianças preferem doces a qualquer outra comida; mas em sua festa, no dia de Cosme e Damião, é feito o tradicional "caruru das crianças", que todos comem com as mãos. Bebem suco de frutas e refrigerantes doces; e gostam de frutas doces, como maçã, pêra e uva.

APONOM

Esta comida é tradicional e serve para agradar Ibeji.

INGREDIENTES:
um coco fresco ralado;
cravo-da-índia;
canela;
duas xícaras de açúcar;
duas xícaras de água;
duas colheres (de sopa) de farinha de trigo.

MODO DE PREPARAR:
Leve ao fogo o coco com a água, o açúcar, o cravo e a canela. Deixe cozinhar, mexendo até dar um ponto de pasta mole ao doce.

Depois que a massa estiver fria, misture a farinha e modele pequenas pirâmides. Coloque-as em um tabuleiro e leve ao forno para secar.

RAPADURA DE ERÊ

Esta iguaria é muito usada em candomblés de caboclo.

INGREDIENTES:
uma rapadura cortada em pedaços;
meia xícara de água;
canela em pó;
gengibre seco em pó;
manteiga para untar o tabuleiro.

MODO DE PREPARAR:

Leve ao fogo brando a rapadura com a água. Quando estiver derretida, coe e deixe ferver por algum tempo para secar a água.

Junte canela e gengibre a gosto e espalhe em um tabuleiro untado. Deixe esfriar e corte em quadradinhos.

COCO DE IBEJI

Este doce não serve para festas, mas só para oferendas, pois é característico de Ibeji, e não da Terra.

INGREDIENTES:
um coco fresco ralado;
duas rapaduras;
cravo-da-índia;
água de flor de laranjeira;
quatro ovos.

MODO DE PREPARAR:

Esprema o coco em um pano, para extrair o leite grosso. Ponha o leite para ferver com as rapaduras picadas, cravo-da-índia e água de flor de laranjeira a gosto. Quando as rapaduras estiverem dissolvidas, junte os ovos levemente batidos. Deixe dar ponto em fogo brando.

CARURU

Este prato é de Xangô, mas Ibeji o come na festa de Cosme e Damião.

INGREDIENTES:
meio quilo de quiabos grandes;
um saquinho de camarão seco;
meio frango;
uma cebola grande;
leite de um coco;
azeite-de-oliva;
azeite-de-den dê;
sal;
água.

MODO DE PREPARAR:

Cozinhe o frango, temperado apenas com sal, e desfie.

À parte, coloque em uma panela o azeite-de-dendê, a cebola picadinha e o camarão. Deixe cozinhar por 15 minutos em fogo brando.

Corte os quiabos em rodelinhas finas. Coloque na panela do camarão. Junte o frango e deixe cozinhar por mais 15 minutos. Junte azeite-doce e o leite de coco. Sirva frio.

Capítulo 20

COMIDAS PARA OXALÁ, O REI MAIOR

Oxalá é o grande orixá da Nigéria, o grande senhor da vida nos candomblés. Foi o primeiro a ser criado por Olodumaré, e, por sua ordem, criou o primeiro homem, em forma de um boneco de barro, e soprou-lhe a vida, fazendo-o adquirir as condições humanas e permitindo também a continuidade da espécie. É chamado "Senhor da Colina" e domina os lugares altos. Orixá "funfum" (branco), também é chamado "rei do pano branco".

Sincretizado com Jesus, tem duas grandes festas no ano. Como Oxaguiã, o jovem guerreiro, é Jesus Menino, comemorado alegremente no dia de Natal. Como Oxalufã, o velho sábio, é o Senhor do Bonfim, Jesus crucificado, cuja data solene é a Sexta-feira da Paixão.

CANJICA DE OXALÁ

INGREDIENTES:

meio quilo de milho branco para canjica;
água;
um chumaço grande de algodão.

MODO DE PREPARAR:

Cozinhe a canjica na água pura, sem sal, açúcar ou mel.

Depois que estiver pronta, ponha em uma tigela branca, deixe esfriar e cubra com o algodão.

ARROZ DE COCO

INGREDIENTES:

meio quilo de arroz branco;
água;
um coco maduro;
folhas de boldo ou algodoeiro bem verdes.

MODO DE PREPARAR:

Lave o arroz e ponha para cozinhar em água pura. Enquanto ele cozinha, corte e rale o coco. Quando o arroz estiver pronto, misture o coco e leve ao fogo por mais dez minutos. Deixe esfriar e ponha em uma tigela de louça, enfeitando com as folhas verdes.

ACAÇÁ

INGREDIENTES:

meio quilo de farinha de acaçá (milho branco de canjica molhado e ralado);
um coco maduro;
um punhado de açúcar;
21 quadrados de folha de bananeira;
21 pedaços de embira.

MODO DE PREPARAR:

Rale o coco e retire todo o leite.

Coloque somente o leite em uma panela. Junte a farinha e o açúcar.

Ponha em fogo brando e vá mexendo até dar ponto. Quando formar uma massa grossa, espalhe em uma tabuleiro para esfriar.

Depois de frio, corte em 21 quadrados e enrole cada um deles em um pedaço de folha de bananeira, amarrando com um pedaço de embira.

Capítulo 21

AS SABOROSAS COMIDAS DOS CABOCLOS

Os caboclos são cultuados na umbanda e no candomblé de caboclo. Quando começaram a baixar nos terreiros, eram apenas espíritos de índios das tribos tupis; hoje em dia, entretanto, dentro desse povo existem também os boiadeiros. Alguns encantados caboclos são antigos espíritos das matas e das águas cultuados pelos ameríndios. Este é o caso de Ipupiara, o "Netuno caboclo", meio homem e meio peixe, com jeito de serpente. Esse gênio das águas é atualmente o rei dos candomblés de caboclo com o nome de Martim Pescador, encantado juremeiro, marujo bêbado, que quando chega nos terreiros dança como se tivesse tomado muita aguardente. Esse mito não aparece na umbanda, mas é conhecido nos catimbós. Suas festas são realizadas na beira do mar e, sempre que se serve a Martim Pescador, deve-se servir a Iemanjá.

Na poesia das lendas de nossos índios há sempre histórias que falam do aipim (macaxera ou mandioca), que era a base de sua alimentação, dos peixes e da caça: estes são os três elementos essenciais das comidas de caboclos, junto com o milho e as frutas. Uma das coisas mais simples para agradar os caboclos é arriar espigas de milho na mata. Pode-se fazer, também, um peixe ou algum dos pratos de Oxóssi. As comidas e oferendas dos caboclos lembram as tradições dos povos tupis.

Os índios conversavam com as estrelas e a elas pediam conselhos. Por esta razão, é costume pôr comidas ao luar para os caboclos da Lua, das estrelas e da noite.

AIPIM DE CABOCLO

INGREDIENTES:
1 kg de aipim
água;
sal;
um vidrinho de mel.

MODO DE PREPARAR:
Descasque o aipim e cozinhe em água e sal.

Quando estiver macio, escorra, coloque em uma tigela e regue com o mel.

MILHO PARA OS CABOCLOS

INGREDIENTES:
seis espigas de milho verde;
um vidrinho de mel;
água.

MODO DE PREPARAR:
Limpe as espigas e cozinhe-as na água pura.

Depois de prontas, arrume em um alguidar e regue com o mel.

PEIXE DE CABOCLO

Este prato é especialmente preparado como comida de tupinambás e também para Oxóssi dos rios.

INGREDIENTES:

um peixe inteiro (namorado, dourado ou piaba);
100 g de camarão seco;
suco de um limão;
uma cebola picada;
um pires de coentro picado;
um pires de cheiro-verde picado;
azeite-de-dendê;
farinha de mandioca.

MODO DE PREPARAR:

Limpe o peixe. Coloque-o inteiro numa travessa com a cebola, o camarão seco, o coentro e azeite-de-dendê. Deixe por uma hora.

Enquanto o peixe absorve os temperos, prepare uma farofa com um refogado de dendê, cheiro-verde e farinha de mandioca. Recheie o peixe com essa farofa e leve-o ao forno.

Depois de pronto, arrume o peixe em uma travessa. Para servir aos caboclos, enfeite com folhas de cróton e caiçara, e coquinhos de tucumã; mas não coloque esses adornos se o prato for destinado aos viventes.

FEIJÃO DE TROPEIRO

Este prato é servido para caboclo boiadeiro.

INGREDIENTES:
*1 kg de carne-seca;
500 g de feijão-mulatinho ou feijão verde;
50 g de toucinho fresco;
uma cebola;
dois dentes de alho;
sal;
água;
uma xícara de farinha de mandioca;
um maço de couve.*

MODO DE PREPARAR:
Coloque de molho separadamente o feijão e a carne, de um dia para o outro. Cozinhe-os separadamente em água e sal. Desfie a carne e escorra o feijão. Frite o toucinho picado. Refogue nele a cebola e o alho picados. Junte o feijão, a carne e a farinha. Coloque em uma tigela de barro forrada com folhas de couve aferventadas.

FRUTAS PARA CABOCLO

INGREDIENTES:
*um mamão-formosa inteiro;
três espigas de milho verde;
um coco maduro;
água;*

um vidrinho de mel;

frutas doces (não críticas) variadas: banana, maçã, goiaba, uva-itália, pêra, melão etc. Use uma ou mais de cada; dependendo do seu tamanho.

MODO DE PREPARAR:

Cozinhe as espigas de milho na água pura. Quando estiverem macias, escorra-as e debulhe os grãos.

Enquanto o milho esfria, abra o coco e corte a polpa em tiras, deixando a pele escura.

Corte o mamão ao meio e retire as sementes. Coloque as duas metades dentro de uma travessa. Encha o espaço vazio de cada uma com o milho. Enfeite com as fitas de coco e regue com mel.

Arrume as outras frutas em volta do mamão.

PEIXE DE MARTIM PESCADOR

INGREDIENTES:

um peixe de carne branca (tainha, corvina ou cioba);

200 g de camarões frescos;

leite de um coco;

uma cebola pequena;

dois tomates;

sal;

água;

um pires de cheiro-verde picado;

um pires de coentro picado;
uma colher (sopa) de manteiga;
uma xícara de farinha de trigo.

MODO DE PREPARAR:

Cozinhe o peixe inteiro em água e sal.

Enquanto espera que fique pronto, prepare um molho branco, juntando o leite de coco, uma parte da manteiga e a farinha de trigo. Leve ao fogo, mexendo sempre até formar um creme liso, e reserve.

Frite o camarão e a cebola no restante da manteiga, junte os tomates picados, o cheiro-verde, o coentro e o molho branco que estava reservado. Misture bem para fazer um molho grosso.

Coloque o peixe em uma travessa e despeje o molho sobre ele.

Capítulo 22

RECEITAS PARA AGRADAR OS ESPÍRITOS CIGANOS

Muitos pensam que a origem dos ciganos seria a Babilônia ou o Egito, e daí eles teriam partido para correr mundo; mas isso é pura lenda. Os ciganos vieram da índia e eram adoradores da deusa Kali, mulher de Shiva.

Mesmo possuindo uma origem única, os ciganos dividem-se em vários grupos, espalhados por toda a Terra. E apesar da origem comum, eles não são iguais. Cada grupo tem suas comidas e seus hábitos, pois são influenciados pelos povos com quem moram há muito tempo. Seus santos também são os da terra onde estão. Os russos têm São Sérgio e São Wladimir. Os calons da Espanha, a Virgem do Rocio e a Macarena. Os de Portugal, São Sebastião. Os da França, Santa Sara Kali. Os do Brasil, Nossa Senhora Aparecida. Nos dias desses santos, os ciganos se reúnem em acampamentos e fazem grandes festas em que relembram suas tradições.

Os ciganos têm uma grande força espiritual. Eles sabem ler a sorte nas cartas e nas linhas das mãos, e também fazem magias poderosas. Por isso, muitos ciganos, depois de passarem para o mundo do Astral, retornam como espíritos dedicados a trabalhos de magia, cura e proteção. Esses espíritos ciganos apresentam-se com as mesmas características e preferências que tiveram em vida. Por este motivo, recebem oferendas de comidas típicas dos povos ciganos.

A ÁGUA MAIS PURA

Uma característica da comida cigana é que, quando se cozinham legumes, deve-se preferir sempre a água da chuva ou, na sua falta, a de uma fonte. Com estas águas são feitos também os remédios e os chás ciganos.

A origem desse costume é o fato de que, como os ciganos eram nômades, sem possibilidade de usar água encanada, suas carroças tinham talhas penduradas pelo lado de fora, para recolher a água da chuva. Entretanto, hoje em dia devemos tomar cuidado com isso. A água da chuva é poderosa e boa para o uso mágico, mas devemos seguir todas as normas de higiene ao coletá-la e guardá-la, para que ela não seja contaminada nem sirva para a proliferação de mosquitos.

Use tabuleiros ou alguidares grandes para coletar a água. Assim você recolherá as gotas que caem em uma área mais ampla, e conseguirá uma quantidade maior de água do que se usar um recipiente estreito. Limpe bem esses recipientes, para que sua água não fique contaminada.

Hoje em dia, a atmosfera das cidades e das áreas próximas de grandes indústrias é muito poluída com gases tóxicos e partículas de diversas substâncias, até de metais. Quando a chuva cai, arrasta para o solo todas essas partículas. Então, durante os primeiros minutos da chuva, sua água é extremamente suja. Para obter uma água limpa, você deve esperar alguns minutos antes de começar a coletá-la.

Passe a água para um frasco limpo e até, se for possível, esterilizado, para que não contenha micróbios que possam proliferar na água. Se essa água for ficar guardada por algum tempo, coloque-a na geladeira. Mas mesmo que não faça isso, mantenha o frasco sempre bem tampado.

CAFÉ CIGANO

INGREDIENTES:

Um punhado de raízes de dente-de-leão.

MODO DE PREPARAR:

Lave as raízes em água abundante e deixe-as secar sobre uma peneira. Elas ficarão marrons.

Leve ao forno em um tabuleiro. Quando estiverem de cor castanha, coloque-as para esfriar ao ar livre.

Parta-as bem e depois é só moê-las para usá-las em lugar do pó de café verdadeiro.

CHÁ CIGANO

INGREDIENTES:

um litro de água de chuva ou nascente;
três saquinhos de chá preto comum;

dois cravos-da-índia;
dois pedaços de canela.

MODO DE PREPARAR:
Ferva tudo junto, deixe descansar por alguns minutos e sirva com frutas como maçã, limão, ameixa e pêra.

POÇÃO CONTRA O CANSAÇO

Os ciganos fazem este chá quando alguém está muito cansado. É um remédio que também podemos oferecer a um espírito cigano, quando queremos a cura de um cliente nosso.

INGREDIENTES:
um limão bem verde;
um molho de flores de sabugueiro;
água de chuva.

MODO DE PREPARAR:
Corte o limão em rodelas bem finas e forre com elas o fundo de um vaso de louça, que pode ser daqueles redondos e brancos usados para colocar comida de santo. Encha com flores de sabugueiro, sem amontoá-las. Coloque por cima as fatias de limão que sobraram.

Encha o vaso com água de chuva fervendo. Deixe descansar por um dia e uma noite e filtre. Beba uma colher de chá por dia.

CHÁ DE MAÇÃ E ROSAS

Este chá serve para pedir ajuda aos espíritos ciganos; não é para ser tomado. Sirva-o ao seu guia cigano em vez de vinho, que é também uma bebida de muito agrado dos espíritos ciganos.

INGREDIENTES:
um punhado de pétalas de rosa branca;
um litro de vinagre;
100 g de cascas de maçã verde;
um copo de água de chuva.

MODO DE PREPARAR:
Pegue as pétalas de rosa e coloque em um pote com o vinagre, a casca de maçã e a água fervente. Deixe descansar por alguns minutos.

Coe e ofereça ao povo cigano junto com uma vela azul-clara.

VINHO COM PÓ DE CAROÇO DE NÊSPERA

Este vinho é uma oferenda para os espíritos do Povo Cigano. É uma limpeza psíquica, um rito sério entre quem oferece e os zíngaros do Astral.

INGREDIENTES:
dois litros de vinho branco seco;
um punhado de caroços de nêspera;
200 g de salsa.

MODO DE PREPARAR:
Soque os caroços de nêspera até que eles se transformem em pó. Misture a salsa picadinha.

Leve o vinho ao fogo. Quando estiver fervendo, junte as ervas. Deixe descansar e coe.

Ofereça um cálice deste vinho ao espírito cigano.

PÊRAS DO AMOR

Este doce é usado como oferenda aos espíritos ciganos, para fazer magias de amor, como está descrito na terceira parte do livro, intitulada "Oferendas e datas festivas".

INGREDIENTES:

sete pêras;
um copo de água de chuva;
500 g de açúcar.

MODO DE PREPARAR:

Leve ao fogo a água misturada com o açúcar.

Quando estiver fervendo, junte as pêras inteiras.

Deixe cozinhar em fogo brando até apurar a calda.

PRATO DE FESTA

Este é um prato originário das tradições dos ciganos do México.

INGREDIENTES:

3 kg de traseiro de boi;
um osso de tutano;

1 kg de costela;
1 kg de peito de vitela;
dois frangos sem os miúdos, a não ser a moela;
3 kg de cenoura;
1 kg de couve-nabo;
um molho de tomilho;
louro;
salsa;
funcho;
um dente de alho socado;
três cebolas grandes;
cravo-da-índia;
1 kg de batatas de tamanho médio;
um saco pequeno de morim ou algodão.

MODO DE PREPARAR:

Coloque as carnes dentro de um caldeirão e ponha para cozinhar. Quando estiverem macias, acrescente os legumes e os temperos.

Espete três cravos-da-índia em cada cebola e coloque na panela, dentro do saquinho de morim ou algodão. Cozinhe tudo.

No fim, tire as cebolas do saquinho em que cozinharam e junte-as ao prato.

LENTILHA DA SORTE

No Brasil, os pratos que sempre aparecem nas festas ciganas são o arroz cozido e a lentilha cozida. As lentilhas são consideradas uma comida que traz sorte; por isso é costume comê-las no Ano-Novo.

INGREDIENTES:
1 kg de lentilhas;
água de chuva;
sal.

MODO DE PREPARAR:
Lave as lentilhas. Coloque em uma panela com a água e sal a gosto. Deixe cozinhar em fogo brando até ficarem bem macias. Sirva com arroz branco.

FULLAR

Este bolo é uma tradição de Páscoa dos ciganos da Áustria.

INGREDIENTES:
quatro xícaras de farinha de trigo;
duas xícaras de açúcar;
oito ovos;
100 g de manteiga em temperatura ambiente;
duas xícaras de leite;
essência de baunilha;
duas colheres (sopa) de fermento em pó;
chocolate ou frutas secas picadas (opcional);
recheio opcional: doce de fruta doce de leite etc.;
uma cobertura para bolo da sua preferência (glacê, brigadeiro, chantilly etc.);
cascas de uma cebola.

MODO DE PREPARAR:

Ponha seis ovos para cozinhar com as cascas de cebola na água, para dar cor. Quando estiverem prontos, escorra a água e ponha-os para esfriar.

Misture bem a farinha com o açúcar e o fermento. Junte a manteiga, o leite, os dois ovos que restaram e uma colherinha de baunilha.

Se desejar, acrescente duas colheres (sopa) de chocolate, uma xícara de frutas secas picadas ou outro sabor especial que deseje dar ao seu bolo.

Coloque em uma fôrma untada e enfarinhada, e leve para assar por cerca de 30 minutos.

Quando o bolo estiver frio, desenforme-o em um prato. Se desejar, corte-o ao meio na horizontal e recheie. Aplique a cobertura e enfeite-o com os ovos cozidos dispostos em círculo sobre ele.

VINHO DE CEREJAS

O vinho, o pão e o sal são a vida, dizem os ciganos; e eles fazem parte de toda obrigação cigana. Um dos vinhos mais queridos é o de cerejas. Ele deve ser servido junto com comidas para o seu cigano do Astral.

INGREDIENTES:

um litro de vinho branco;

algumas folhas de cerejeira;

21 colheres (de sopa) rasas de açúcar cristal.

MODO DE PREPARAR:

Lave bem as folhas e enfie-as pelo gargalo da garrafa de vinho, junto com o açúcar. Deixe curtir por alguns dias e coe antes de usar.

VINHO DE LARANJA

O vinho, o sangue das videiras, é usado por todos os ciganos nas festas. Os que levam outras plantas misturadas possuem virtudes próprias e gostos diferentes. Este é muito querido e serve para obrigações de espíritos ciganos; mas beba pouco, pois ele "pega" muito.

INGREDIENTES:
três limões verdes;
uma laranja;
um litro de vinho branco seco;
uma xícara de açúcar;
essência de baunilha.

MODO DE PREPARAR:
Lave e pique as frutas. Leve ao fogo com o vinho e deixe ferver por alguns minutos. Fora do fogo, acrescente o açúcar e uma colherinha da essência de baunilha.

VINHO DE PÊSSEGOS

Este vinho é muito gostoso. As ciganas gostam muito dele nas obrigações.

INGREDIENTES:
uma garrafa de vinho branco seco;
um frasco de suco de pêssego (ou um punhado de folhas de pessegueiro);
21 colheres (de sopa) rasas de açúcar cristal.

MODO DE PREPARAR:
Este vinho pode ser feito de duas maneiras.
A mais fácil é misturar o vinho com o suco de pêssego, que pode ser feito com frutas frescas ou comprado pronto.
Outros misturam o vinho com as folhas de pessegueiro e o açúcar, deixando descansar por alguns dias e coando antes de usar.

ROMANI KINI

INGREDIENTES:
Dois litros de água de chuva bem limpa;
trinta laranjas.

MODO DE PREPARAR:
Ponha a água para ferver. Junte as cascas das laranjas e deixe no fogo durante 15 minutos. Corte as polpas das laranjas em quatro pedaços, coloque-as numa panela de barro e encha com a água fervida com as cascas. Deixe esfriar e coe. Esta bebida é muito perfumada.

Capítulo 23

COMIDAS DE PRETOS-VELHOS

A chamada Linha das Almas é muito querida na umbanda. É formada pelos bondosos negros que foram escravos e que muito deixaram para a cultura brasileira. Os pretos-velhos não existem no candomblé, só na umbanda e na quimbanda, onde "baixam" e trabalham na magia do bem e do mal.

O culto das almas na umbanda é realmente um culto dos ancestrais, mas não tem os segredos e grandes preceitos do culto dos eguns no candomblé. Nossos amigos da Linha das Almas são as rezadeiras e os mandingueiros, que ensinam o uso das ervas, dão conselhos com muita paciência e conhecem rezas fortes.

Sua festa ocorre em todos os terreiros, geralmente no dia do preto-velho ou da preta-velha que dirige a Linha das Almas no abaçá. Nesse dia, todos usam as roupas da Linha das Almas, que é feita de tecido xadrez preto e branco. O terreiro é enfeitado com bandeirinhas, faz-se um bolo, canta-se "parabéns" e fazem-se oferendas com as comidas de que eles gostam.

AIPIM DAS ALMAS

INGREDIENTES:
meio quilo de aipim;
um potinho de melado;
água.

MODO DE PREPARAR:
Descasque o aipim, corte-o em pedaços e coloque para cozinhar na água pura.
Depois de pronto, deixe esfriar, arrume em um alguidar e regue com o melado.

CANJIQUINHA DOCE

INGREDIENTES:
meio quilo de canjiquinha amarela (quirera);
água;
açúcar a gosto;
um coco maduro;
meia xícara de leite;
cravo-da-índia;
canela em pau.

MODO DE PREPARAR:
Lave a canjiquinha e ponha para cozinhar com água e açúcar.
Enquanto ela cozinha, corte e rale o coco.

Quando a canjiquinha estiver pronta, junte o cravo, a canela, o coco e o leite. Leve novamente ao fogo e deixe por 15 minutos.

Espalhe em um tabuleiro, deixe esfriar e corte em pedaços.

Capítulo 24

PRATOS PARA OS EGUNS

Eguns são os ancestrais (os mortos) que desceram temporariamente do céu para o terreiro. No rito nagô, são chamados egungum; no angola, vumbe. Na África, eram chamados ara-orum, habitantes do céu, e seus adeptos formavam uma sociedade secreta. Os membros dessa sociedade podiam aparecer na rua, a qualquer hora, vestidos de eguns, correndo com suas máscaras, imitando os habitantes do céu e seu cortejo. Entretanto, apesar das máscaras terríveis, os eguns despertavam os bons sentimentos dos fiéis.

Na umbanda, os eguns constituem o Povo do Cemitério, as almas que, em algumas situações específicas, devem receber ofertas. No candomblé também existem algumas ocasiões em que são feitas ofertas aos eguns.

MINGAU DAS ALMAS

Ingredientes:

um litro de leite;
cinco colheres (sopa) de farinha de acaçá (milho branco molhado e moído);
uma xícara de açúcar.

MODO DE PREPARAR:

Misture todos os ingredientes e leve ao fogo, mexendo sempre, até dar o ponto de um mingau liso, bem mole.

Coloque em uma tigela e, depois de frio, coloque na Casa das Almas.

PRATO DE EGUM

Esta oferenda é usada no candomblé de nação angola.

INGREDIENTES:

500 g de cenoura;
500 g de batata inglesa;
três espigas de milho;
um pé de alface.

MODO DE PREPARAR:

Forre um prato de papelão com as folhas da alface, dispondo-as ao redor das suas bordas.

Arrume no centro do prato as espigas de milho, as cenouras e as batatas, todas cruas.

Coloque a oferenda na Casa das Almas, junto com um prato de mingau.

TERCEIRA PARTE

OFERENDAS E DATAS FESTIVAS

Capítulo 25

A ETIQUETA PARA PRESENTEAR OS DEUSES

Agora você já conhece os gostos dos orixás e sabe como preparar seus pratos prediletos. Mas não pense que é só ir fazendo o prato, servindo aos deuses e tirando o seu quinhão. Não, o orixá tem requintes. Desde a matança, que tem seus segredos, até a hora de arriar a comida para eles. Não vamos pensar que a coisa vai ser fácil, não; porém, como tudo que é difícil, tem as suas compensações.

Aqui você vai aprender como deve ser apresentada a oferenda para cada um dos orixás ou entidades. Sempre que isso for possível, não será especificada qual a comida que deverá ser feita: você poderá escolher entre as diversas receitas que aprendeu para cada santo.

Aqui você encontrará a descrição dos procedimentos básicos para a entrega da oferenda, de acordo com as preferências das entidades. Verá quais são os acessórios característicos de cada um: o tipo de recipiente em que sua comida deve ser posta, os locais de entrega de oferendas, metais, pedras e frutos preferidos, suas bebidas prediletas, as cores de velas e enfeites, e os presentes que poderão ser acrescentados.

Uma oferenda simples é acompanhada apenas por velas e bebidas. Mas, se você quiser enriquecê-la, pode arrumá-la sobre uma toalha de pano ou papel nas cores da entidade e enfeitá-la com fitas nessas mesmas cores. Lembre-se, entretanto, de uma coisa importante: quando colocar a oferenda diante da imagem ou do assentamento do santo, no terreiro ou no altar que tem em sua casa, você poderá usar todos os adereços que desejar. Entretanto, quando chegar a hora de levar os materiais perecíveis (comida, flores, líquidos etc.) para entregar na natureza, deixe os objetos não-perecíveis (recipientes, miniaturas, fitas, tecidos, moedas, cristais, jóias etc.) junto à imagem, quando forem presentes para o santo, ou limpe-os e guarde-os para reutilizá-los quando for fazer outra oferenda.

Evite também deixar no local da oferenda garrafas, plásticos e outras embalagens: arrume a comida sobre um material biodegradável (são muito usadas as folhas grandes de verduras ou plantas consagradas às entidades) e derrame a bebida em torno dela, fazendo uma libação em homenagem ao santo, e trazendo com você a garrafa vazia.

Tome cuidado também com velas, charutos e cigarros. Todo tipo de fogo pode causar um incêndio na mata; e você acha que o orixá receberá com satisfação uma oferenda que destruiu sua casa? Por isso, se for deixar uma vela acesa em local aberto, tire todas as folhas, os papéis e outros materiais inflamáveis de perto dela; e cave um buraco no solo para fixá-la, de modo que ela não possa cair, indo sua chama encostar em outro objeto. Charutos e cigarros também devem ser dispostos de modo que não possam incendiar nada com sua brasa.

Agindo desta forma, você estará contribuindo para preservar a natureza, e os orixás, que são seus criadores e protetores, serão gratos por seu cuidado.

OFERENDAS PARA EXU E POMBA-GIRA

Local de entrega: encruzilhadas, beiras de estrada e cemitérios.

Recipiente para as comidas: alguidar ou tigela de barro vitrificado.

Cores das velas, toalhas e enfeites: preto e vermelho.

Frutas: laranja, lima-da-pérsia, limão, jaca.

Bebidas: cachaça e uísque para Exu; anis e champanha para Pomba-gira.

Símbolos: tridente, bastão.

Presentes: rosas vermelhas; moedas; charutos para Exu e cigarros para Pomba-gira; jóias douradas, com pedras vermelhas, e adereços vistosos.

Pedras e metais: ônix ou outras pedras negras; bronze ou ferro.

Saudando os "compadres"

As oferendas para os "compadres" são feitas sempre à noite, depois das 18 horas, quando Oxalá (o Sol) se retira. Devem ser feitas preferencialmente às 24h.

Se a oferenda for para Exu (homem) faça em uma encruzilhada aberta (de quatro ruas, em X); se for para Pomba-gira, em uma encruzilhada fechada (de duas ruas, em T).

INGREDIENTES:
um alguidar de barro vitrificado;
uma porção de farinha de mandioca;
uma garrafinha de mel;
uma cebola (para Exu) ou uma maçã (para Pomba-gira).

MODO DE FAZER:
Corte a maçã ou cebola em sete rodelas.

Misture a farinha e o mel no alguidar, com as mãos, e arrume por cima as sete rodelas de cebola ou maçã, conforme a entidade.

Entregue em uma encruzilhada, pedindo o que deseja receber.

OFERENDAS PARA OGUM

Local de entrega: campos abertos, praias, linhas de trem e estradas de mato.

Recipiente para as comidas: alguidar de barro vitrificado.

Cores das velas, toalhas e enfeites: verde e azul-escuro no candomblé, vermelho na umbanda.

Fruta: manga-espada.

Bebida: cerveja clara.

Símbolos: miniaturas de suas ferramentas de caça e lavoura feitas em ferro.

Presentes: velas, charutos, cravos vermelhos.

Pedras e metais: pedras azul-escuras, como a sodalita e o lápis-lazúli; ferro.

Agrado de Ogum

Ogum sempre recebe oferendas durante o dia e, à noite, até às 23h. Esta oferenda tem por objetivo abrir os caminhos de quem está com a vida amarrada.

INGREDIENTES:
sete mangas-espada;
um alguidar de barro vitrificado;
uma vela azul-escura;
um copo de aluá de gengibre.

MODO DE FAZER:

A receita do aluá de gengibre (vide aluá de Oxóssi) encontra-se no Capítulo 6 deste livro.

Descasque as mangas e arrume-as lado a lado dentro do alguidar. Acenda a vela e coloque-a ao lado do alguidar. Sirva o aluá em um copo para o orixá. Enquanto dispõe o material, vá mentalizando o que deseja.

Se souber, louve o orixá cantando um de seus pontos ou fazendo a sua saudação.

OFERENDAS PARA OXÓSSI

Local de entrega: na mata ou ao pé de uma árvore frondosa.

Recipiente para as comidas: tigela ou alguidar de barro vitrificado.

Cores das velas, toalhas e enfeites: verde e azul-esverdeado.

Frutas: todas as frutas doces.

Bebidas: aluá, gengibirra, cerveja clara.

Símbolos: iruquerê, espécie de cetro, feito com pêlos de rabo de cavalo ou de touro, presos a um pedaço de couro e ornado com contas e búzios (caurís), com que o orixá maneja os espíritos da floresta.

Presentes: charutos e miniaturas de arco e flecha em metal prateado.

Pedras e metais: pedras verdes, como a amazonita e a esmeralda; bronze.

Para atrair fartura

Essa oferenda pode ser feita a qualquer hora.

INGREDIENTES:

uma "quitanda de Oxóssi";
uma garrafa de aluá de Oxóssi;
uma tigela grande;
um copo;

uma vela azul-esverdeada;
uma fita azul-esverdeada.

MODO DE FAZER:
As receitas para o preparo da quitanda e do aluá de Oxóssi encontram-se no Capítulo 6 deste livro.

Após o preparo da quitanda e do aluá, leve todo o material até a mata ou a uma árvore frondosa, e arrume a quitanda sobre a tigela. Enfeite com a fita.

Sirva a bebida em um copo, colocando-o ao lado da tigela. Acenda a vela, coloque-a do outro lado da tigela e faça o seu pedido.

OFERENDAS PARA OMOLU

Local de entrega: cemitério.

Recipiente para as comidas: alguidar de barro vitrificado.

Cores das velas; toalhas e enfeites: preto e branco; adornos de palha e búzios.

Frutas: laranja, abacaxi, sapoti, cajá-manga.

Bebida: água mineral.

Símbolo: xaxará (cajado feito de fibras de dendezeiro, forrado com palha-da-costa e enfeitado com caurís e contas pretas e brancas).

Presentes: velas brancas ou bicolores (preto e branco).

Pedras e metais: seixos pretos com manchas, de formato irregular; chumbo.

Para pedir saúde

Essa oferenda destina-se a melhorar a saúde de quem se encontra enfermo. Sendo Omolu o orixá da cura, e o cajá, a sua fruta, por certo o presente agradará ao Senhor da Terra. A oferenda pode ser feita a qualquer hora, inclusive à noite, exceto às 24h (hora grande).

INGREDIENTES:

uma porção de doburu (pipoca de Omolu);
sete cajás-mangas ou sapotis;
um alguidar de barro vitrificado;
uma garrafa de água mineral;
uma vela branca e preta;
uma fita branca;
uma fita preta;
um copo.

MODO DE FAZER:

A receita para fazer as pipocas encontra-se no Capítulo 7 deste livro.

Leve todo o material até um cemitério.

Arrume os cajás ou os sapotis no alguidar e enfeite o conjunto com as fitas.

Coloque de um lado a vela acesa e, do outro, o copo com água mineral.

Faça seu pedido enquanto estiver arriando a oferenda.

OFERENDAS PARA IROCO

Local de entrega: ao pé de sua árvore, a gameleira branca.

Recipiente para as comidas: tigela ou alguidar de louça branca.

Cores das velas, toalhas e enfeites: branco, cinza e verde; adornos de palha-da-costa.

Frutas: laranja-lima, jenipapo.

Bebida: cerveja clara.

Símbolos: grade metálica no feitio de uma escadinha; bandeirinha de pano branco (bandeira de Tempo).

Presente: ojás (faixas de pano) brancos postos para enfeitar sua árvore.

Pedras e metais: pedrinhas brutas do mato; aço.

Para ter um futuro promissor e tranqüilo

Esta oferenda deve ser feita durante o dia, com tempo bom, nunca quando estiver chovendo ou à noite. Destina-se a dar bom futuro a quem oferece este presente a Iroco.

INGREDIENTES:

sete frutas diferentes;
uma tigela de louça branca;
uma vela branca;
uma fita branca;
uma garrafa de água mineral;
um copo.

MODO DE FAZER:

Coloque ao pé de uma gameleira branca as sete frutas cortadas e arrumadas dentro da tigela. Enfeite com a fita branca. Acenda a vela, colocando-a ao lado da tigela e, do outro lado, sirva um copo com água mineral.

Faça seu pedido enquanto estiver arriando a oferenda.

OFERENDAS PARA XANGÔ

Local de entrega: pedreira.
Recipiente para as comidas: gamela ou tigela de barro vitrificado.
Cores das velas, toalhas e enfeites: vermelho e branco no candomblé, marrom na umbanda.
Frutas: manga, banana, laranja.
Bebida: cerveja preta.
Símbolos: oxê (machado com lâmina dupla); raio.
Presentes: charutos, flores amarelas, miniatura do seu machado feita em cobre.
Pedras e metais: minério de ferro bruto ou meteorito; aço.

Saudando o Rei Xangô
MATERIAL:

doze frutas variadas;
doze doces de padaria;
doze moedas douradas;
doze fitas vermelhas;
uma gamela.

MODO DE PREPARAR:
Arrume os doces e as frutas dentro da gamela. Enfeite com as moedas e as fitas.
Ofereça a Xangô, pedindo sua ajuda: é um trabalho bom para atrair dinheiro.

Misericórdia de Xangô

Embora esta oferenda seja de candomblé, a umbanda também a faz, por sua simplicidade: ela nem sequer vai ao fogo. Mas nem por ser fácil deixa de ser bem aceita pelo orixá...

INGREDIENTES:
21 quiabos crus;
um vidrinho de mel.

MODO DE PREPARAR:
Corte 14 quiabos em rodelinhas e misture-os com mel.
Enquanto vai batendo com a colher de pau, faça seu pedido.
Coloque a mistura em um alguidar e enfeite as bordas com os sete quiabos inteiros.

OFERENDAS PARA OSSÂIM

Local de entrega: ao pé de uma árvore grande, em noite de Lua cheia.

Recipiente para as comidas: travessa ou alguidar de barro vitrificado.

Cores das velas, toalhas e enfeites: verde ou azul-claro e vermelho.
Frutas: coco, pitanga, goiaba, abacate.
Bebidas: meladinha (cachaça com mel), aluá.
Símbolo: haste metálica com sete pontas, imitando um galho com folhas, tendo um pássaro no alto.
Presentes: cachimbo, fumo de rolo, fitas, velas.
Pedras e metais: pedrinhas brutas do mato; estanho.

Para despertar o dom da magia

Esta oferenda deve ser feita durante o dia, em campo aberto ou, se você freqüentar um ilê, colocada na casa de Ossâim, sempre do lado de fora do barracão.

INGREDIENTES:
uma tigela comprida de barro;
três cocos verdes;
uma vela verde;
uma fita verde;
uma garrafa de aluá de abacaxi;
um copo.

MODO DE FAZER:
Disponha a tigela ao pé de uma árvore bem grande e arrume sobre ela os três cocos abertos. Enfeite com a fita. Posicione e acenda a vela ao lado da tigela. Sirva o aluá de abacaxi em um copo.
Mentalize seu pedido enquanto prepara a oferenda.

OFERENDAS PARA OXUMARÊ

Local de entrega: mata ou beira de um rio.
Recipiente para as comidas: travessa de barro vitrificado.
Cores das velas, toalhas e enfeites: verde e amarelo, ou todas as cores do arco-íris.
Fruta: melancia.
Bebida: água mineral.
Símbolo: par de serpentes em miniatura, feitas em latão ou ferro.
Presentes: pulseiras ou anéis em forma de serpente. Vela preta e amarela. Lembre-se que, por ser um orixá duplo, macho e fêmea, Oxumarê deve ganhar sempre tudo em dobro.
Pedras e metais: seixos de cachoeira, pedras rajadas; latão.

Para trazer a riqueza para o seu lar

Esta oferenda pode ser feita durante todo o dia, preferencialmente ao meio-dia. Tem por objetivo abrir os caminhos para a riqueza entrar na sua vida.

INGREDIENTES:

sete frutas diferentes;
uma vela que possua sete cores diferentes ou sete velas, cada uma em uma das cores do arco-íris;
sete fitas, cada uma em uma das cores do arco-íris;

uma garrafa de água mineral;
um copo;
uma travessa de barro vitrificado.

MODO DE FAZER:
Leve o material para a beira de um rio. Arrume as frutas em cima da travessa; enfeite com as fitas. Posicione a vela multicolorida ao lado do prato ou, se forem sete velas distintas, ao redor da travessa, formando um círculo. Sirva a água mineral em um copo.
Faça seu pedido enquanto estiver arriando a oferenda.

OFERENDAS PARA LOGUNEDÉ

Local de entrega: mata ou cachoeira.

Recipiente para as comidas: tigela de louça branca.

Cores das velas, toalhas e enfeites: azul e amarelo.

Frutas: todas as frutas que Oxum e Oxóssi comem.

Bebidas: vinho branco doce, aluá de abacaxi.

Símbolos: abebé (abano) e damatá (arco e flecha em peça única) de latão.

Presentes: o leque da mãe e o arco e flecha do pai, feitos em latão; fitas e velas.

Pedras e metais: seixos de rio; latão.

Para trazer axé e encanto a quem a oferece

Esta oferenda deve ser feita em um dia ensolarado. Tem como finalidade conseguir a conquista da pessoa amada ou fazer com que a pessoa que a realiza se torne mais atraente aos olhos do seu amor, pois este rei de Queto é o orixá do encantamento.

INGREDIENTES:
uma garrafa de aluá de abacaxi;
três pamonhas de milho verde;
uma tigela de louça branca;
um copo;
uma vela azul;
uma vela amarela.

MODO DE FAZER:

As receitas para o aluá e as pamonhas encontram-se no Capítulo 12 deste livro.

Coloque as três pamonhas na tigela. Disponha as velas uma de cada lado da tigela e acenda. Sirva o aluá de abacaxi no copo.

Pense no que deseja pedir a Logunedé e mentalize enquanto prepara a oferenda.

OFERENDAS PARA IANSÃ

Local de entrega: bambuzal, praia ou cemitério.

Recipientes para as comidas: travessa de louça branca ou de barro vitrificado.

Cores das velas, toalhas e enfeites: vermelho e branco, adereços de metal amarelo (cobre).
Fruta: manga-rosa.
Bebidas: vinho branco e champanha.
Símbolos: alfanje, eruexim (chicote de crina de cavalo).
Presentes: velas, fitas, jóias douradas com pedras vermelhas, perfumes, objetos de toucador e rosas vermelhas.
Pedras e metais: pedras vermelhas, como o rubi e a granada; cobre.

Para vencer uma guerra

Essa oferenda deve ser entregue na Lua nova, cheia ou crescente. Pode ser feita a qualquer hora, menos na hora grande (24h). Quem fizer essa oferenda conquistará vitórias em uma guerra pessoal.

INGREDIENTES:

três espigas de milho cozidas;
uma tigela de louça branca;
uma garrafa de champanha;
uma taça;
uma fita vermelha;
uma vela vermelha.

MODO DE FAZER:

Coloque as espigas dentro da tigela e enfeite com a fita vermelha. Sirva o champanha na taça e acenda a vela vermelha, posicionando-a ao lado da tigela.

Faça seus pedidos enquanto prepara a oferenda.

OFERENDAS PARA OBÁ

Local de entrega: bambuzal ou cachoeira.
Recipiente para as comidas: alguidar ou travessa de louça branca ou de barro vitrificado.
Cores das velas, toalhas e enfeites: vermelho e branco.
Fruta: manga-espada.
Bebidas: vinho branco, champanha ou aluá.
Símbolos: espada e escudo em forma de folha de tinhorão, feitos em cobre.
Presentes: rosas e velas amarelas; miniatura de seu escudo e de sua espada, ambos feitos em cobre.
Pedras e metais: pedras avermelhadas ou brancas; cobre.

Para obter vitória em uma demanda

Esta oferenda pode ser entregue a qualquer hora, preferencialmente em um dia ensolarado.

INGREDIENTES:

uma garrafa de aluá de Obá;
uma porção de ovos de Obá:
uma tigela de louça branca;
uma vela vermelha;
uma fita vermelha e uma branca;
uma taça.

MODO DE FAZER:

As receitas para o preparo do aluá e dos ovos de Obá encontram-se no Capítulo 14 deste livro.

Após haver preparado os ovos e o aluá, coloque os ovos na tigela e enfeite com as fitas. Sirva o aluá na taça e coloque ao lado da tigela. Acenda a vela e coloque-a do outro lado da tigela.

Faça seu pedido enquanto prepara a oferenda.

OFERENDAS PARA EUÁ

Local de entrega: beira de rios.

Recipiente para as comidas: travessa ou alguidar de louça branca ou barro vitrificado.

Cores das velas, toalhas e enfeites: vermelho e amarelo.

Fruta: banana-da-terra.

Bebidas: vinho branco ou champanha.

Símbolos: arpão e espada feitos em latão.

Presentes: flores brancas e vermelhas, velas, perfumes, jóias delicadas, fitas e artigos de toucador.

Pedras e metais: seixos claros de rio; latão.

Para aumentar as possibilidades de vencer um problema

A oferta pode ser feita a qualquer hora, de preferência durante o dia. Euá é um orixá que aumenta as possibilidades de uma pessoa conquistar êxito em uma demanda ou em um problema pelo qual esteja passando. Ela também ajuda a adoçar a vida de quem assim lhe agradar.

INGREDIENTES:

uma porção de batata-doce para Euá;
uma tigela de louça branca;
uma fita vermelha;
uma fita amarela;
uma vela bicolor nas cores vermelho e amarelo ou uma vela vermelha e outra amarela.

MODO DE FAZER:

A receita para o preparo da batata-doce de Euá encontra-se no Capítulo 15 deste livro.

Coloque as batatas-doces prontas em uma tigela e enfeite com as fitas.

Acenda a vela (ou as velas) e faça seu pedido a este orixá.

OFERENDAS PARA IEMANJÁ

Local de entrega: praia.

Recipiente para as comidas: travessa ou tigela de louça branca.

Cores das velas, toalhas e enfeites: azul-claro e branco.

Fruta: mamão.

Bebida: champanha.

Símbolo: abebé (abano) de metal prateado, com a imagem de uma sereia.

Presentes: perfumes, jóias prateadas com pedras azuis, velas e fitas azuis e brancas, flores e objetos de toucador.

Pedras e metais: pedras azul-claras (como a água-marinha), pérolas, madrepérola; estanho e prata.

Festa no Mar para Iemanjá

Essa tradição, nascida no candomblé, atualmente já é uma das maiores comemorações religiosas do Brasil, levando milhares de pessoas a todas as praias de Norte a Sul do país na noite de 31 de dezembro.

INGREDIENTES:

um conjunto de jóias de bijuteria prateadas, com pedras azuis;

um espelho;

um pente;

um vidro de perfume;

uni sabonete;

um conjunto de maquilagem pequeno (caixinha de pós compactos e sombras);

um ramo de rosas brancas;

algumas fitas azuis e brancas;

um barquinho azul e branco próprio para entregar as oferendas de Iemanjá.

MODO DE FAZER:
Arrume todos os objetos dentro do barquinho, enfeitando-o com laços de fita e flores.
No horário apropriado, leve seu presente para a beira de uma praia e coloque-o no mar, enquanto faz seu pedido.

OFERENDAS PARA OXUM

Local de entrega: em uma pedra bem ao lado das águas de uma cachoeira, ou na praia.

Recipiente para as comidas: travessa ou tigela de louça branca.

Cor das velas, toalhas e enfeites: amarelo.

Frutas: banana e mamão.

Bebidas: champanha e vinho branco.

Símbolo: abebé (abano) de latão, com a imagem de uma estrela, um coração ou uma rosa.

Presentes: perfumes, jóias douradas com pedras amarelas, miniaturas de latão (como o seu abano tradicional) e objetos de toucador, além de rosas, velas e fitas amarelas e brancas.

Pedras e metais: pedras amarelas, como o topázio e o citrino; latão e ouro.

Para uma pessoa conseguir ser amada

Oxum é dona de um carisma e de um encanto únicos. Essa oferenda doce é ideal para pedir um amor a essa deusa das águas doces. Deve ser feita em dia claro, sem chuva, ou em noite de Lua cheia.

INGREDIENTES:
três quindins (podem ser comprados prontos);
uma rosa amarela;
uma garrafa de champanha;
uma taça;
uma fita amarela;
uma vela amarela;
uma tigela de louça branca.

MODO DE FAZER:

Coloque os três quindins dispostos em círculo no meio da tigela, finque no meio deles a rosa e enfeite com a fita. Ao lado da tigela, sirva a taça com o champanha e acenda a vela.

Peça o que desejar, que Oxum atenderá.

OFERENDAS PARA NANÃ

Local de entrega: perto de minas d'água, locais úmidos ou praias.

Recipiente para as comidas: travessa ou tigela de louça branca ou barro vitrificado.

Cores das velas, toalhas e enfeites: violeta na umbanda, anil e branco no candomblé; adereços de búzios.

Frutas: melão, jaca.

Bebidas: vinho branco ou champanha.

Símbolos: ibiri (feixe de fibras de dendezeiro forrado com fitas e enfeitado com búzios e miçangas), vassoura de palha-da-costa.

Presentes: flores roxas, como a violeta e o manacá, velas brancas.

Pedras e metais: pedras roxas, como a ametista; alumínio.

Para obter proteção espiritual

Nanã é um orixá antiqüíssimo, uma grande mãe dos tempos neolíticos. Essa oferenda destina-se a pedir "maleme", proteção espiritual. Deve ser feita em dia claro, ensolarado.

INGREDIENTES:

uma porção de doce de batata-roxa;

uma tigela de louça branca;

uma garrafa de champanha;

uma taça;

uma fita na cor violeta;

uma vela violeta.

MODO DE FAZER:

A receita de doce de batata-roxa se encontra no Capítulo 18 deste livro.

Depois de frio, coloque o doce de batata-roxa dentro da tigela e enfeite com a fita. Sirva o champanha na taça e coloque ao lado da tigela. Acenda a vela e posicione-a do outro lado da tigela.

Peça o que deseja com muito respeito à Nanã, que ela atenderá.

OFERENDAS PARA IBEJI

Local de entrega: jardins ou praias.

Recipiente para as comidas: travessa ou alguidar de louça branca ou barro vitrificado.

Cores das velas, toalhas e enfeites: cor-de-rosa, azul-claro e amarelo na umbanda, verde e vermelho no candomblé.

Frutas: todas as frutas doces, especialmente maçã e morango.

Bebidas: guaraná, suco de frutas.

Símbolos: casal de bonecos pintados ou vestidos com cores vivas. Na umbanda, a Linha da Ibeijada é representada por uma imagem dos santos Cosme e Damião.

Presentes: balas, doces e brinquedos; rosas e flores-do-campo claras.

Pedra: quartzo rosa.

Doces das Crianças

É tradicional, na cidade do Rio de Janeiro (RJ), na devoção à Ibeijada, a promessa de dar doces a crianças no dia dos santos Cosme e Damião. Essa prática é realizada no dia 27 de setembro, considerada a sua festa, mas que, na verdade, é o dia seguinte à data votiva original e oficial dos santos católicos.

De acordo com suas posses, o devoto compra doces variados, como cocadas, pés-de-moleque, paçocas, balas, bombons, docinhos de abóbora e de batata-doce, e saquinhos com a imagem dos santos, para acondicionar os doces. No dia da festa, logo no início da manhã, multidões de crianças de todas as idades, desde as bem pequenas, levadas pelas mães, até os adolescentes (que, nesse dia, consideram-se crianças!), percorrem as ruas dos bairros próximos às suas casas, em busca de locais em que estejam sendo distribuídos os saquinhos de doces.

Muitas pessoas, para evitar tumultos na porta de casa, distribuem antecipadamente cartões numerados, senhas para o recebimento dos doces; outras vão distribuir os sacos em um jardim ou pelas ruas.

Existem ainda os que fazem um grande bolo e vários doces, com brigadeiros, beijinhos e outros apreciados pelas crianças. Armam então uma mesa de festa, com doces e guaraná, para a qual convidam todas as crianças que buscam a sua casa, ou sete crianças conhecidas. Essa mesa também é feita nos terreiros de umbanda para festejar a querida Ibeijada. O "caruru dos meninos" é o banquete tradicional de Ibeji no candomblé, oferecido também no dia de Cosme e Damião.

A "mesa" da festa é uma esteira posta no chão, sobre a qual são dispostos os pratos: o caruru, cuja receita está no capítulo referente às comidas de Ibeji, doces e refrigerantes. Primeiro são servidas as crianças, e só depois delas se fartarem é que os adultos se servem. É característico que os participantes da mesa comam somente com as mãos, em um ambiente alegre e descontraído, ao som dos cânticos dos orixás.

OFERENDAS PARA OXALÁ

Local de entrega: portas de igrejas, lugares bem altos ou campos abertos.

Recipiente para as comidas: travessa ou tigela de louça branca. Ele é o único orixá masculino que usa esse tipo de recipiente.

Cor das velas, toalhas e enfeites: branco.

Frutas: uva clara doce, cajá.

Bebida: água mineral.

Símbolos: opaxorô (cajado) prateado no candomblé; pomba branca na umbanda.

Presentes: lírios ou rosas brancas, velas e fitas brancas. Em sinal de amor e respeito, ao fazer sua oferenda, bata um paó (saudação com palmas) para o Senhor dos Céus.

Pedras e metais: cristal de rocha, mármore, marfim; estanho, chumbo.

Oferendas para Oxalá no Natal Nagô

Usando nossa imaginação, vamos entrar na festa de Natal nagô. O ambiente está impregnado com o aroma de angélicas (flores características do Natal nos candomblés), pois com elas as iaôs enfeitaram todo o ambiente. No chão há esteiras de palha, onde vão ficar as comidas de santo.

Uma ceia de Natal no terreiro nagô tem peru, farofa, frangos assados, bolos, cidra, nozes, mangas-rosa, caruru e efó. Nesse dia, Oxalá ganha a sua canjica que, junto com uma pipoca feita exatamente como a de Omolu, pode ser passada pelo corpo dos iniciados, como descarrego.

Primeiro, Exu é servido. Nessa festa, ele ganha xinxim de bofe, comida que adora, e que é colocada no altar (pepelê) onde a imagem de Exu está assentada. Após servir a comida do orixá, a gente do candomblé faz o ritual do bode vestido. Os candomblés de caboclo não o usam, pois este rito é só do autêntico candomblé, do que age exatamente como manda a tradição africana.

Para esse ritual, um bode todo coberto com roupagens vermelhas e brancas, só com a cabeça de fora, fica no meio do terreiro. Os filhos-de-santo, as ebomis, as ialaxés vão bater cabeça no animal. O bicho não pode berrar: isso seria um mau agouro para o ano que vai começar. Quando todos terminam, a ialorixá, a mãe do candomblé, sacrifica o animal. Assim começa a festa.

Agora os atabaques soam, a chamada aos orixás começa. E um a um eles descem no terreiro. Cada um chupa três uvas moscatel. Este hábito hoje já é comum nas casas de umbanda: a uva simboliza a riqueza que virá no Ano-novo. Depois desse rito, o pai-de-santo ou a mãe-de-santo cruzam o peito dos iniciados com vinho, fazendo sinais cabalísticos. Depois vêm as comidas, as oferendas aos orixás. Tradição do candomblé, parte do mundo misterioso dos deuses negros.

OFERENDAS PARA OS CABOCLOS

Local de entrega: nas matas ou, no caso de caboclos das águas, em uma praia.

Recipiente para as comidas: travessa de barro vitrificado.

Cores das velas, toalhas e enfeites: verde, azul, amarelo, vermelho e branco, variando a combinação de acordo com a nação a que cada caboclo pertence.

Frutas: todas as frutas doces, como banana, goiaba, mamão, pêra, uva, maçã e coco.

Bebidas: aluá, vinho tinto ou meladinha (cachaça com mel).

Símbolos: arco e flecha, cocar, capanga (bolsa de couro).

Presentes: os caboclos recebem charutos e têm as oferendas enfeitadas com folhagens; as caboclas preferem cigarros e flores do campo. Todos aceitam mel e melado sobre as comidas, fitas verdes e miniaturas de arco e flecha. Para caboclos curumins (crianças), usa-se arriar, junto com as comidas, brinquedos que podem ser semelhantes ao brinquedo dos índios, que era um boneco de barro colorido.

Pedras e metais: pedras brutas do mato; ferro.

Segredos dos Caboclos

Os índios brasileiros possuíam a idéia de que todas as coisas tinham pai e mãe; assim, quando se põe uma comida para caboclo, deve-se pedir licença ao nosso pai e à nossa mãe de cabeça.

O arco e a flecha são usados como enfeites ao se arriarem as comidas de caboclo porque essas armas são sagradas para os índios, dadas a eles pelos próprios deuses. Segundo uma lenda, Enorê, o criador, esculpiu dois bonequinhos em madeira e deles fez um homem e uma mulher. Esse primeiro casal teve dois filhos, mas nenhum sabia caçar ou cultivar a terra. Enorê então dividiu as coisas do mundo entre eles, dando o arco e a flecha para um e as ferramentas de lavoura para o outro.

Os candomblés de caboclo usam colocar coquinhos de tucumã nos pratos dos caboclos, não para comer e sim como enfeite. Esse costume decorre de uma lenda tupi. Segundo ela, no princípio dos tempos não havia noite: somente o dia reinava na Terra. Certa vez, a filha da Cobra-grande resolveu se casar; mas o marido não desejava dormir com a luz do sol. Pediu então que lhe trouxessem a noite, que o sogro guardava dentro de um coquinho de tucumã. Durante a viagem a noite escapou e, desde então, após o pôr-do-sol, ela vem brejeira e mansa brincar com a imaginação dos homens.

Oferenda para Martim Pescador

Esta oferenda deve ser entregue na praia, junto com outra para Iemanjá. De acordo com os babalorixás, a oferenda para Martim Pescador é feita com sete elementos por causa do valor mágico do número sete, que é o número da perfeição.

INGREDIENTES:
sete cabacinhas abertas (coités);
uma garrafa de aguardente;
sete charutos;
sete caixas de fósforos;
sete peixes de carne branca;
uma tigela de louça branca.

MODO DE PREPARAR:
Cozinhe os peixes e arrume-os na tigela.

Na praia, encha as cabacinhas com aguardente e arrume-as em torno da tigela.

Ponha, ao lado de cada uma, um dos charutos e a respectiva caixa de fósforos.

OFERENDAS PARA OS ESPÍRITOS CIGANOS

Local de entrega: jardins, estradas, árvores frondosas.

Recipiente para as comidas: prato de louça branca, cesto de palha ou caldeirão de cobre, enfeitados com lenços e fitas coloridos.

Cores das velas, toalhas e enfeites: todas as cores, desde que sejam claras, e sem o preto. Alguns espíritos ciganos têm preferência por uma cor específi-

ca. Na falta dessa informação, use uma mistura de cores alegre e o dourado, que é sempre bem aceito.
Frutas: todas as frutas doces, como uva, cereja, banana, morango, maçã, pêra, ameixa e pêssego.
Bebida: vinho branco ou tinto.
Símbolo: bonecas ciganas.
Presentes: pães, doces, perfumes, cristais, adereços (jóias, punhais, lenços, leques etc.), cartas de baralho, moedas e flores.
Pedras e metais: todos os tipos de cristais; ouro, cobre, prata.

Oferenda de Amor

MATERIAL:

Um porção de doce de pêra (veja a receita no capítulo sobre as comidas ciganas);
um pedaço de papel virgem;
um lápis;
um prato de louça branco.

MODO DE FAZER:

Escreva no papel os nomes dos amantes que deseja unir. Coloque-o dentro do prato, junto com o doce.

Ofereça ao cigano de sua preferência, pondo diante da imagem do seu altar cigano.

Retire a oferenda após três dias e despache o doce na mata, sem o papel com os nomes.

*Oferenda de frutas, doces e cartas aos
Espíritos Ciganos*

MATERIAL:
   sete frutas coloridas;
   sete doces árabes;
   uma travessa bonita;
   sete cartas de baralho com significados positivos.

MODO DE FAZER:
   Coloque os doces em círculo no centro da travessa.
   Arrume as frutas em volta e as cartas por fora de tudo.
   Ofereça ao Cigano Wladimir, ou a outro de sua predileção.

*Oferenda de doces, cartas e rosas aos
Espíritos Ciganos*

MATERIAL:
   sete cartas de baralho com significados positivos;
   sete cocadas cor-de-rosa;
   sete rosas cor-de-rosa;
   uma bandeja bonita.

MODO DE FAZER:
   Arrume as cocadas no centro da bandeja. Enfeite com as rosas (sem o cabo) e as cartas.
   Ofereça à Cigana Madalena ou a outra cigana de sua predileção.

OFERENDAS PARA PRETOS-VELHOS

Local de entrega: em uma igreja, no cemitério ou no mato.

Recipiente para as comidas: travessa ou alguidar de barro vitrificado.

Cores das velas; toalhas e enfeites: preto e branco.

Frutas: fruta-pão, banana-da-terra.

Bebidas: café puro e vinho tinto doce.

Símbolos: bengala, cachimbo.

Presentes: charutos ou cachimbos com fumo de rolo, rapaduras, cocadas, flores brancas, ramos de arruda, fitas pretas e brancas, e velas bicolores (metade pretas e metade brancas).

Pedras e metais: pedrinhas e seixos escuros, carvão; níquel.

Para vencer demandas

Você pode fazer essa oferenda a qualquer hora, exceto na hora grande (24h). Apesar de simples, é um agrado eficaz para pedir a ajuda dos pretos-velhos na solução de qualquer problema. A oferenda pode ser colocada no pedestal de uma estátua em um jardim, no cruzeiro em um cemitério ou na casa das almas de um terreiro.

INGREDIENTES:

500 g de carne-seca desfiada;
um pedaço de rapadura;
uma tigela de barro vitrificado;
uma fita preta;
uma fita branca;
um copo de café puro, sem açúcar;
uma vela preta e branca ou uma vela branca.

MODO DE FAZER:

Coloque a carne seca desfiada dentro da tigela e esfarele a rapadura por cima. Enfeite com as fitas, fazendo um laço. Ao lado, coloque o copo de café frio e, do outro, acenda a vela.

Faça seus pedidos que os pretos-velhos atenderão.

OFERENDAS PARA OS EGUNS

Local de entrega: cruzeiro do cemitério.

Recipiente para as comidas: tigela ou travessa de louça branca.

Cor das velas, toalhas e enfeites: branco.

Fruta: coco (originalmente, o coco do dendezeiro).

Bebida: água.

Símbolos: cruz, caveira.

Presentes: velas e flores brancas.

Pedras e metais: búzio (que é como pedra viva); ossos (considerados a parte mineral do corpo dos eguns quando vivos, por analogia um "metal vivo").

Para afastar uma alma penada que esteja atormentando sua vida

Se você freqüentar um terreiro ou ilê que possua Casa de Egum, faça essa oferenda nesse lugar, durante o dia. Caso contrário, ofereça em um cemitério ou em um espaço aberto. Ela não pode ser feita na casa da pessoa, pois é um trabalho muito delicado e que visa afastar uma alma que esteja atrapalhando sua vida material.

MATERIAL:
um prato de papelão prateado;
um molho de alface;
200 g de milho de pipoca cozido;
200 g de milho de galinha cozido;
200 g de arroz cozido;
um copo com água;
duas velas brancas.

MODO DE FAZER:
Forre o prato de papelão com as folhas de alface. Sobre elas disponha harmonicamente os dois tipos de milho e o arroz. Acenda as velas e coloque-as uma de cada lado da tigela. Mentalize seu pedido enquanto organiza a oferenda.

Capítulo 26

CALENDÁRIO DE FESTAS RELIGIOSAS

FESTAS DE UMBANDA E CANDOMBLÉ

Janeiro:
20 – São Sebastião. Oxóssi no Sudeste e Sul; Ogum no Nordeste.

Fevereiro:
2 – Nossa Senhora das Candeias. Iemanjá.
3 – São Brás. Omolu (uma variedade que cura doenças da garganta).

Março:
19 – São José. Xangô Alafim.
Sexta-feira Santa (data móvel). Oxalá velho, Oxalufã (Senhor do Bonfim).

Abril:
4 – São Benedito. Ossâim.
19 – Santo Expedito. Logunedé.
23 – São Jorge. Ogum no Sudeste e Sul; Oxóssi no Nordeste.

Maio:
13 – Pretos-velhos.
22 – Santa Rita de Cássia. Oxum, no Sudeste.
30 – Santa Joana d'Arc. Obá.

Junho:
12 – Santo Onofre. Ogum Xoroquê.
13 – Santo Antônio. Exu.
24 – São João. Xangô Afonjá.
29 – São Pedro. Xangô Alufã.

Julho:
2 – Caboclos
16 – Nossa Senhora do Carmo. Oxum, no Sul.
26 – Santa Ana. Nanã Burucu.

Agosto:
10 – São Lourenço. Tempo ou Iroco.
15 – Nossa Senhora da Glória. Iemanjá, no Sudeste.
17 – São Roque. Obaluaiê (Omolu jovem).
24 – São Bartolomeu. Oxumarê.

Setembro:
27 – Santos Cosme e Damião. Ibeji, Ibejada (Linha das Crianças).
30 – São Jerônimo. Xangô Agodô.

Outubro:
12 – Dia das Crianças. Erês (crianças).
25 – Santos Crispim e Crispiniano. Ibejada.
28 – São Judas Tadeu. Xangô Airá.

Novembro:
2 – Finados. Omolu e Eguns.
15 – Dia Nacional da Umbanda.

Dezembro:
4 – Santa Bárbara. Iansã.
8 – Nossa Senhora da Conceição. Oxum (mais conhecida).
13 – Santa Luzia. Oxum, no Sudeste e Sul.
17 – São Lázaro. Omolu (velho).
25 – Natal de Jesus Cristo. Oxalá jovem, Oxaguiã.

FESTAS CIGANAS

Maio:
24 – Santa Sara (deusa indiana Kali).

Julho:
15 – Cigano Wladimir (São Wladimir, príncipe da Rússia).
22 – Cigana Maria Madalena (Santa Maria Madalena).

Anexo

SIGNIFICADO DAS CARTAS DO BARALHO

NAIPE DE PAUS

Ás – um novo trabalho.
Dois – convite para uma associação.
Três – sucesso nos empreendimentos.
Quatro – segurança material.
Cinco – alegria.
Seis – indecisão e obstáculos.
Sete – objetivos alcançados.
Oito – vitória.
Nove – agitação, dúvida.
Dez – bom conselho.
Valete – apoio de amigo fiel.
Dama – mulher prática e oportunista.
Rei – homem superior e solidário.

NAIPE DE COPAS

Ás – um novo amor.
Dois – dúvidas no amor.
Três – dificuldades.
Quatro – realização de desejo.
Cinco – rompimento, perda.

Seis – brigas.
Sete – conquista.
Oito – sofrimento por amor proibido.
Nove – realização plena.
Dez – boa notícia.
Valete – quebra de rotina.
Dama – mulher alegre e passional.
Rei – homem protetor e carinhoso.

NAIPE DE ESPADAS

Ás – obsessão.
Dois – obrigação desagradável.
Três – grandes obstáculos.
Quatro – solidão.
Cinco – castigo, perda.
Seis – revelação de segredo.
Sete – acidente, perigo.
Oito – disputa com invejosos.
Nove – mudança radical.
Dez – desentendimentos.
Valete – traidor, falso amigo.
Dama – inimiga intrigante.
Rei – inimigo ou justiceiro.

NAIPE DE OUROS

Ás – prosperidade.
Dois – acerto de contas.
Três – mudança de vida.
Quatro – presentes.
Cinco – bom investimento.
Seis – amigo necessitado.
Sete – colherá o que plantar.
Oito – necessidade de grande esforço.
Nove – ganhos traiçoeiros e ilusórios.
Dez – ganho fácil, sorte.
Valete – lucros graças a conhecido.
Dama – mulher rica.
Rei – homem rico.

Este livro foi impresso em setembro de 2019,
pela Imos Gráfica, no Rio de Janeiro.
As fontes usadas foram a Book Antiqua para o texto
e a Optima Bold para os títulos.
O papel de miolo é o offset 75 g/m²,
e o de capa cartão 250 g/m².